ALFREDO BRAVO, PhD
GLAUCO CAVALCANTI, PhD

NEGOCIAÇÃO 7.0

OS SETE PASSOS DO PLANEJAMENTO PARA UMA NEGOCIAÇÃO EFICAZ

ubook UBK Publishing House

ubook ubk Publishing House

COORDENAÇÃO Alessandra Brito
EDIÇÃO Fernanda Avelino
REVISÃO Eduarda Rimi e Emerson Xavier
PROJETO GRÁFICO E CAPA Clarissa Duarte
IMAGEM DA CAPA Jessicahyde; Tasphong | Adobe Stock

Dados Internacionais de Catalogação na Publicação (CIP)
(Câmara Brasileira do Livro, SP, Brasil)

Bravo, Alfredo
Negociação 7.0 : os sete passos do planejamento para uma negociação eficaz / Alfredo Bravo e Glauco Cavalcanti. – Rio de Janeiro : Ubook Editora, 2022.

ISBN 978-85-9556-404-6

1. Negociação 2. Planejamento estratégico 3. Tecnologia 4. Tomada de decisão I. Cavalcanti, Glauco. II. Título.

22-99668 CDD-658.4052

Índices para catálogo sistemático:

1. Negociação : Administração de empresas 658.4052

Cibele Maria Dias - Bibliotecária - CRB-8/9427

Ubook Editora S.A
Av. das Américas, 500, Bloco 12, Salas 303/304,
Barra da Tijuca, Rio de Janeiro/RJ.
Cep.: 22.640-100
Tel.: (21) 3570-8150

AGRADECIMENTOS

ALFREDO BRAVO

Agradeço ao meu pai, Luis Alcides Bravo, falecido quando eu tinha 16 anos, mas que me deixou uma base de credibilidade e ética para seguir na batalha da vida, sempre com um ideal de igualdade e ajuda ao próximo. À minha mãe, Marialina Bravo, que até hoje me acompanha na jornada da vida. À minha esposa, Alessandra, ao meu filho Caio, que tiveram muita paciência para entender e colaborar na minha carreira de professor, palestrante e escritor.

Agradeço, em especial, ao mestre José Antônio do Patrocínio (Patrô), grande professor de negociação da FGV, pelos feedbacks e ensinamentos, e Paulo Raj, meu orientador de doutorado e vida.

GLAUCO CAVALCANTI

Primeiro agradeço a Deus por tantas bênçãos, saúde e prosperidade. À minha família pelo eterno amor e incansável suporte. À minha esposa, Eduarda, em especial por ser companheira fiel e dedicada nesta incansável jornada. Às minhas filhas Isabella e Carolina pelas manifestações diárias de amor que nutrem o desejo de servi-las cada vez mais. Aos professores e *staff* do *Program on Negotiation at Harvard Law School* pela oportunidade de aprender negociação em nível avançado. Agradeço aos alunos que tive o privilégio de ensinar e com eles aprender como me tornar um ser humano melhor. Por fim, ao Alfredo Bravo que tem sido um grande parceiro e aliado em muitos desafios.

NEGOCIAÇÃO 7.0

SUMÁRIO

PREFÁCIO

POR **ARTHUR IGREJA**

In Business as in Life — You Don't Get What You Deserve, You Get What You Negotiate [Nos negócios e na vida, você não recebe o que merece, mas aquilo que negocia], obra de Chester L. Karrass, de 1996, é especialmente feliz ao chamar a atenção para a importância central da negociação na vida de qualquer pessoa. Toda interação humana é uma negociação, seja na construção de um acordo ou na busca conjunta pela solução de um conflito. Esse processo é ubíquo. Mesmo que não tenhamos plena consciência, alguns ainda acreditam equivocadamente que negociações são apenas conduzidas por executivos dentro de salas de reunião.

Esse é um dos feitos desta obra, a capacidade de demonstrar com exemplos práticos e cotidianos como qualquer pessoa pode se beneficiar das técnicas de negociação em todos os momentos de suas vidas, e, dessa maneira, melhorar os resultados obtidos. Alfredo e Glauco possibilitam que o leitor passe a encarar os conflitos de uma forma positiva e construtiva, passe a assimilar sua natureza inevitável — as pessoas simplesmente possuem formas diferentes de encarar a mesma situação. O caminho apresentado se daria por meio da busca pela compreensão dessas diferenças, assim como pela construção elegante de acordos, tornando-se, assim, um profissional e pessoa melhor. Essa capacidade está intimamente ligada aos resultados que alcançaremos e à nossa qualidade de vida. A partir do momento em que não nos sentimos em desvantagem, ansiosos, ou, no pior cenário, evitamos negociações que poderiam ser um importante ponto de transformação.

Ser um hábil negociador pouco ou nada tem a ver com qualquer espécie de predisposição. Esse conjunto de técnicas e processos precisa ser aprendido e praticado até o momento em que for incorporado com naturalidade em nossos comportamentos e atitudes. Nesse quesito, os autores trazem um rico compêndio do estado da arte do tema com uma fundamentação oriunda das principais escolas de negócio do mundo, além de ricas contribuições originais.

Uma dessas contribuições é o uso da tecnologia como aliada no planejamento, no acompanhamento e na avaliação do desempenho nas negociações, criando um registro que possibilita a evolução constante do negociador. Em tempos em que a inovação e a transformação digital dominam a estratégia das organizações, muitos se questionam qual o papel das pessoas em um mundo em que a evolução da automação é sustentada por inteligência artificial.

Se no passado um profissional de destaque aliava *soft skills* com *hard skills*, vivemos a incorporação de um terceiro eixo, as chamadas digitais *skills*. É isso que a metodologia Negociação 7.0 faz com o tema, porque, além de debater os aspectos quantitativos e qualitativos, introduz o eixo tecnológico com um inédito aplicativo que complementa a metodologia proposta.

A inteligência artificial e a robótica têm como principal trunfo a capacidade de aprender qualquer tarefa repetitiva para, então, reproduzi-la em grande escala, até mesmo em novos contextos. Porém, jamais será capaz de emular o que há de mais único nas pessoas: nossa empatia, criatividade, relacionamento... nossa capacidade de negociação.

É preciso compreender que o mercado sempre valoriza aquilo que é mais escasso. Se a tecnologia tem a capacidade de replicar algo em grande escala, isso se torna uma *commodity* com valor estático ou declinante. Acontece então o extremo oposto à valorização do que é raro. Em tempos com tanta automação e afastamento dos relacionamentos por sua virtualização, o livro *Negociação 7.0* é peça fundamental para quem quer se tornar esse profissional do futuro.

Os professores Alfredo Bravo e Glauco Cavalcanti são profissionais com a rara combinação entre a excelência acadêmica e a extensa experiência prática. A leitura é imprescindível para qualquer profissional que já compreendeu que grandes feitos invariavelmente são fruto de grandes negociações.

INTRODUÇÃO

A negociação é o meio básico de conseguir o que se quer de outrem.

| ROGER FISHER

Todos nós somos negociadores. A negociação está presente em toda nossa vida. Negociamos desde que nascemos e vamos fazê-lo até morrer. Se parar para pensar, sua carreira como negociador começou muito cedo. Ao nascer, você deu seu primeiro choro e naquele instante nasceu um negociador; isso mesmo, quando deu seu primeiro choro, você começou a se comunicar com o mundo externo, a interagir com outras pessoas e a lutar pela sua sobrevivência. Aos poucos foi percebendo que toda vez que chorava conseguia alguma coisa. Você chorava e conseguia carinho. Chorava e conseguia comida. Chorava e conseguia atenção. Toda vez que chorava conseguia algo do seu interesse e assim começou a negociar com seus pais de uma maneira muito primitiva, arcaica, mas que, de alguma forma, funcionava.

Algumas pessoas até hoje negociam desta forma. São os "bebês chorões" do mercado. Esses negociadores choram prazo, preço, forma de pagamento e garantias. Uma reprodução clássica daquele choro do recém-nascido que busca atender seus desejos imediatos. O modelo "bebê chorão" pode até funcionar em alguns casos, mas, à medida que evoluímos nas empresas e na vida, participamos de negociações mais complexas e precisamos de modelos mais sofisticados. Necessitamos de uma metodologia que nos auxilie a conduzir o processo de negociação de forma profissional e estruturada.

A negociação é essencial e utilizada para administrar os conflitos inerentes às relações humanas. Toda negociação pressupõe algum tipo de conflito, seja na definição dos valores a serem acordados, seja no prazo de entrega do produto ou mesmo nos termos de garantia do serviço adquirido. Se ambas as partes concordam que aquele valor é o correto, que o prazo atende à necessidade ou que os termos de garantia são justos, então por que negociar? Toda e qualquer negociação tem como princípio básico o conflito em algum nível.

Com base nesse princípio, pode-se concluir que a negociação é crucial para gestores de empresas, pais de família, advogados, vendedores, compradores, ou seja, qualquer pessoa. A importância de novos conhecimentos sobre essa competência interpessoal dos indivíduos nas organizações é clara, porque é por meio das negociações que os conflitos são administrados, os acordos são gerados, as decisões tomadas e os negócios fechados.

Este livro surgiu da necessidade de desenvolver uma ferramenta que ajudasse as pessoas a administrarem os conflitos utilizando a negociação. O mercado carece de uma ferramenta que ajude a administrar os conflitos diários, de um modelo que conduza a negociações objetivas e com grande potencial de sucesso. Um planejamento rápido que seja prático e aplicável no dia a dia das negociações profissionais e pessoais.

Analisando empresas de variados portes e segmentos, além de observar diferentes níveis de alunos nas aulas de graduação, pós-graduação e executivos em treinamentos corporativos, detectamos a necessidade de desenvolver um processo de negociação mais eficaz, fazendo uso de um modelo interativo e estruturado. Notamos que são escassas as ferramentas que auxiliam os negociadores na condução do processo; mais raro ainda é encontrar uma metodologia simples, estruturada e interativa capaz de proporcionar um passo a passo que auxilie os negociadores a atingirem resultados satisfatórios nas negociações.

Utilizando a vasta experiência profissional e acadêmica nas áreas de negociação, administração de conflitos e vendas, desenvolvemos a metodologia Negociação 7.0. Trata-se de um método estruturado, interativo, testado e inédito. Ela é composta por sete passos e tem como base os estudos de negociação das melhores universidades do mundo. A metodologia contempla um aplicativo chamado *Negociação 7.0*. Um sistema de informação completo, composto por site, aplicativo, livro, solução de ensino à distância e opção de treinamento presencial para auxiliar nas três etapas do processo de negociação: preparação (antes), execução (durante) e controle (depois).

Os sete passos devem ser listados na fase de preparação da negociação. O aplicativo Negociação 7.0 está disponível na Apple Store e no Google Play. O negociador acessa a plataforma, responde algumas questões e o sistema gera um relatório de apoio à negociação, que pode ser enviado para o e-mail, WhatsApp ou o destino que escolher, sendo esse relatório visualizado no celular, tablet ou computador. No momento da execução da negociação, o negociador usa o relatório gerado pelo sistema, que serve como base de informação e local para anotação dos pontos mais importantes. Após a negociação, na fase de controle, o negociador pode avaliar a execução comparando o planejado com o executado, além de manter o histórico de todas as negociações feitas.

Essa metodologia foi testada em empresas de vários portes e por mais de 10.000 alunos do MBA da Fundação Getúlio Vargas (FGV), além de ser embasada e testada nas teses de doutorado dos autores.

Os sete passos da negociação são itens-chave fundamentais para executar uma boa negociação, como o objeto que é o escopo, ou seja, o que vai ser negociado, momento em que devemos pensar em nossos objetivos. O ideal é ter um objetivo principal e outros secundários. Outro item importante é analisar a posição colocada e os interesses escondidos. Precisamos levantar os interesses por trás das posições colocadas pela outra parte, a fim de entender onde estão os conflitos, usando assim os argumentos e moedas de troca corretos.

Outro passo importante para negociar é listar sua MACNA, que significa Melhor Alternativa em Caso de Não Acordo. Ter um plano B caso a negociação não chegue a um acordo é muito importante e gera grande fonte de poder. Devemos pensar bem nas moedas de troca que temos, já que elas são importantes no momento do fechamento da negociação. O desconto (preço), a forma de pagamento e o prazo de entrega são exemplos de moedas de troca e cada uma delas pode ter um campo de negociação, que é a margem ou elasticidade dos trocáveis. Os argumentos e valores são os critérios objetivos na negociação e vão gerar legitimidade, dando certa lógica e justiça ao acordo.

Os autores deste livro têm vasta experiência na área de negociação e são professores premiados nos cursos de MBA da Fundação Getúlio Vargas. São eles:

Alfredo Bravo, premiado professor da FGV por sua excelência no ensino, diretor comercial da empresa Paragon TI, consultor sênior da GC-5 Negotiation Solutions e um dos autores do livro *Gestão estratégica de vendas*. É PhD em Administração pela Universidade Nacional de Rosário; mestre em Sistemas de Gestão pela Universidade Federal Fluminense; tem MBA em Administração de Empresas e Negócios pela Fundação Getúlio Vargas; e é graduado em Administração de Empresas pela Universidade Federal Fluminense.

Glauco Cavalcanti entrou no quadro de honra da FGV após ser eleito o melhor professor de negociação da FGV por cinco anos consecutivos. É PhD pela *Florida Christian University*; mestre em Gestão Empresarial pela Fundação Getúlio Vargas; pós-graduado no MBA em Marketing pela Fundação Getúlio Vargas; e graduado em Administração de Empresas pela Pontifícia Universidade Católica (PUC-Rio). Possui curso em negociação pelo *Program on Negotiation*, da Harvard Law School. É autor do livro *Empreendedorismo — decolando para o futuro* e sócio-fundador da empresa GC-5 Negotiation Solutions.

O livro é dividido em cinco capítulos. O primeiro fala da competência negocial, destacando a importância de seu uso nas relações interpessoais e os impactos dessa competência para "gestores de alta performance". Explica por que negociamos e define o que é e para que serve a negociação. O capítulo trata também do tema "conflito", seus tipos e os desafios da administração de conflitos.

No segundo capítulo, tratamos dos princípios das principais escolas de pensamento de negociação, apresentando os tipos de negociação, os elementos e as estratégias que podemos adotar na hora de negociar.

O terceiro capítulo aborda o desenvolvimento do negociador de alta performance, destaca quando e como começamos a negociar, além de falar sobre o pulo do gato em negociação, ou seja, quais são os passos para fazer uma negociação de alta performance.

O quarto capítulo faz uma comparação entre as principais escolas de pensamento e a Negociação 7.0, metodologia desenvolvida neste livro. Neste capítulo, explicamos a metodologia dos sete passos da negociação, analisamos a importância de seu uso e como utilizá-la em sua negociação.

No quinto e último capítulo, chegamos à conclusão. Ao final deste livro, você estará familiarizado com os temas em torno da negociação e da administração de conflitos. Você será capaz de preparar-se e executar suas negociações de uma forma estruturada utilizando a metodologia aqui descrita.

1

A IMPORTÂNCIA DA NEGOCIAÇÃO

Só existem desvantagens quando cada um quer levar vantagem em tudo.

| ABRAHAM LINCOLN

A busca pela felicidade é algo que está dentro de nós. Queremos maximizar nosso nível de prazer e minimizar nosso nível de dor. O filósofo suíço, Jean-Jacques Rousseau, defendeu que o ser humano era originalmente feliz, mas que a civilização havia destruído esse estado original de harmonia. Segundo Jeremy Bentham e Stuart Mill, criadores do pensamento utilitarista, o que move o ser humano é a busca pela felicidade. O mesmo raciocínio é suportado pelo pai da psicanálise Sigmund Freud por meio daquilo que ele denominou princípio do prazer. Segundo o psicanalista, o ser humano é motivado pela busca incessante de sua própria felicidade. Para o budismo, a felicidade é a liberação do sofrimento. Nesse sentido, é necessário, primeiramente, identificar os fatores que causam a nossa infelicidade e os fatores que causam a nossa felicidade. Uma vez identificados esses fatores, bastaria extinguir aqueles e estimular estes para se atingir o estado de felicidade.

Mas se o ser humano tem por princípio a busca constante pela felicidade, por que existem tantas pessoas infelizes no mundo?

Encontramos resposta nos tomadores de felicidade. São muitos os tomadores de felicidade do ser humano, e todo dia precisamos enfrentá-los. Mas existe um que é muito comum e que nos afeta física e psicologicamente: a má gestão de conflitos. Isso mesmo, a má gestão de conflitos é um dos maiores tomadores de felicidade do ser humano, sejam conflitos no campo pessoal ou profissional. É importante entender que toda negociação pressupõe algum tipo de conflito, seja entre ideias, valores, prazo, garantias ou condições de pagamento.

Negociamos e gerenciamos conflitos todos os dias, no entanto, a grande maioria das pessoas tem dificuldade em fazê-lo. Muitas vezes, elas gastam muita energia para produzir resultados pequenos, isso porque, simplesmente, não conhecem as metodologias, as técnicas, as ferramentas e o processo de negociação e gestão de conflitos. Na verdade, poucas são as pessoas que aprenderam a negociar na escola ou faculdade. A maioria aprendeu a negociar ao longo da vida de maneira empírica, e assim desenvolveu esta que é uma das competências mais importantes para o crescimento profissional e pessoal. Sem saber negociar de forma eficiente, as pessoas erram e vão produzindo passivos de relacionamento ao longo da vida. Conflitos entre empresas, nações e pessoas geram conflitos extremos, prejuízos financeiros e emocionais difíceis de serem reparados.

A falta de investigação sobre negociação, mesmo com a comprovada importância do tema para a gestão de empresas e organizações em geral, abre uma lacuna ainda não explorada, principalmente em relação à gestão de pessoas. Talvez este seja um dos maiores desafios nas organizações, tendo em vista que gerenciar é administrar e liderar, por isso a negociação é um instrumento tão relevante aos gestores. O tema negociação vem adquirindo uma importância crescente no mundo, e as habilidades de comunicação e negociação assumem, sem dúvida, um papel fundamental na preparação de gestores para os desafios do mundo dos negócios, principalmente com a tendência das organizações de se tornarem mais horizontais ao invés de verticais. Quanto mais horizontal, orientada ao cliente e ao colaborador é a organização, maior a necessidade da negociação.

Algumas pessoas acreditam que a habilidade de negociação é inata e que não pode ser aprendida e desenvolvida. De acordo com Pollan e Levine (1994), isso é um absurdo, porque não há nenhum gene especial para negociação. Quando as pessoas são confrontadas com a evidência de que outros são capazes de fazer algo que ela não pode (como, por exemplo, negociar), algumas tentam menosprezar essa habilidade que lhes falta dizendo que negociar é uma forma "duvidosa" de fazer negócios. Em outras palavras, acabam dizendo que, se ela não sabe negociar, deve haver algo de errado com quem sabe.

As melhores escolas de negócios do mundo nos provam que a pessoa não nasce boa negociadora, ela aprende a ser uma. Existem, obviamente, casos em que o indivíduo é criado dentro de um ambiente onde os familiares possuem comércio, ou então gerenciam uma empresa, sendo assim, ele pode aprender a partir da observação, e, com isso, desenvolver habilidades pela repetição. Mas para aqueles que não tiveram a sorte de nascer em um ambiente formado por negociadores profissionais, a boa notícia é que é possível aprender negociação em sala de aula e por meio da prática.

Negociação é uma disciplina como Matemática, História, Geografia, ou até mesmo comparável a jogar futebol. Caso treine muito, se aprende. Portanto, devemos investir no aprendizado dessa competência por meio de conteúdos teóricos estruturados e negociações simuladas. Essa é uma disciplina que exige mão na massa, e a melhor forma é aprender fazendo. Faz-se necessário estudar a teoria e aplicá-la na prática em um ambiente controlado, com aulas vivenciais e com estudos de caso. Quando praticamos em sala de aula, podemos identificar os erros, corrigir desvios e aprimorar. Mas é igualmente importante fazer do mundo real o laboratório de testes de suas habilidades como negociador, assim é possível mesclar teoria com a prática, o que potencializa o processo de aprendizagem.

Atualmente a negociação é uma habilidade crítica para a maior parte dos profissionais, portanto vale a pena oferecê-la. Não é sem razão que o Fórum Econômico Mundial elegeu a resolução de problemas complexos como a competência crítica mais importante no mercado de trabalho e no mundo corporativo. De acordo com o relatório emitido pelo Fórum Econômico Mundial, estima-se que nos próximos anos 36 por cento das atividades em todos os setores da economia deverão exigir habilidades relacionadas à resolução de problemas complexos. Complexidade é a grande marca da nova economia e, para gerenciar temas complexos, é necessário negociar. As empresas querem saber se você sabe administrar bem os conflitos inerentes ao seu cargo e se está preparado para trazer soluções que atendam às necessidades das partes envolvidas. Grande parte das escolas de negócios já oferecem cursos na área, o que comprova que é possível aprender de forma teorizada os conceitos a fim de desenvolver habilidades e competências na área. A disseminação do conhecimento está indo além: colégios com pensamento estratégico estão incluindo a disciplina Negociação na grade escolar, fazendo com que crianças aprendam desde muito jovens como negociar.

Mas, afinal, o que é negociação?

Definimos negociação como um processo de comunicação multilateral, utilizado para administrar conflitos, que tem como objetivo chegar a uma decisão conjunta atendendo os interesses das partes. Importante notar que o resultado pode ser o fechamento ou não. Pode haver aperto de mão ou não. De uma forma ou de outra, trata-se de uma decisão conjunta. A negociação é o modo mais eficiente de conseguir algo que se deseja quando há escolhas a serem feitas, envolvendo a própria pessoa e terceiros. Negociar é buscar uma decisão conjunta por meio do diálogo, ou seja, da comunicação.

De origem latina, a palavra *negotium* significa negar o ócio, ou seja, o próprio ato de trabalhar e cuidar dos negócios. O *neg-* quer dizer "não", e *-otium*, "ócio" ou "descanso". Portanto, negociar é a ausência de descanso, ausência de folga e negação do ócio. Interessante notar que o termo pode ser aplicado não apenas ao meio empresarial, mas em todas as circunstâncias vividas em que há oposição de ideias, ou seja, conflitos. A negociação é aplicada em muitas situações, especialmente na administração de conflitos, quer nas relações interpessoais ou intergrupais. A existência de duas ou mais partes conduz inevitavelmente ao conflito, o que é normal no campo pessoal, profissional e familiar.

Uma abordagem mais moderna sobre conflitos mostra que eles são necessários ao relacionamento humano e que a falta deles entre as pessoas muitas vezes pode ser um sinal de problema. No caso de cargos de gerência nas empresas, por exemplo, quando duas pessoas sempre concordam, uma delas é desnecessária. A partir dos conflitos, surgem novas ideias, inovação e mudança, que são fundamentais para o crescimento das pessoas e das empresas. Em relacionamentos pessoais, o conflito mostra interesse ou necessidade, na maioria das vezes, tal como uma objeção de um cliente do tipo: “Seu preço é mais caro”. Se a outra parte está conflitando, é porque está interessada. Negociação é um exercício de influência, portanto precisamos ser capazes de entender a outra parte a fim de convencê-la.

Alguns autores, como Pollan e Levine (1994), argumentam que, depois da leitura e da escrita, a negociação é a mais importante e essencial habilidade para alcançar o sucesso pessoal e financeiro. Negociadores, de acordo com os autores, são proativos, não aceitam as coisas como elas são e, acima de tudo, são questionadores sobre como a negociação poderia ser feita melhor. Eles afirmam ainda que, se levados em consideração os conceitos básicos da negociação, poucos negociadores são eficazes, apesar de negociarem inconscientemente todos os dias da vida. Uma negociação bem-sucedida requer condições que nem sempre são atendidas pela postura informal utilizada. Para os autores, as pessoas não sabem negociar por três razões: 1) porque ninguém na escola ou na família ensinou-as a fazê-lo; 2) as pessoas não acreditam que é possível aprender a negociar; 3) medo de negociar.

Esses fatores limitantes dos indivíduos os afastam de bons acordos e geram alto grau de estresse na mesa de negociação. Segundo Carvalhal (2001), apesar dos negociadores brasileiros reconhecerem a importância do planejamento e preparação, essa prática não é identificada entre as mais comuns. Esse fato ajuda a explicar a propagação da crença de que atributos como o “jogo de cintura”, a improvisação e o tino são suficientes. No Brasil existe a “cultura do improviso”, da "malandragem", que acaba influenciando as negociações. Segundo o estudo de Carvalhal (2001), o brasileiro não tem o costume de se preparar para uma negociação de forma adequada dada sua importância, e esse mau hábito acaba afetando o resultado das negociações.

De forma simplificada, podemos classificar três fases para um processo de negociação complexa:

- → **Preparação**: conhecida como planejamento e trata-se da fase que antecede o encontro com a outra parte.
- → **Execução**: ocorre durante a negociação, sendo o momento do "cara a cara", ou de qualquer outra forma de comunicação, como telefone, mensagem ou internet.
- → **Controle**: ocorre após a negociação quando o negociador avalia o resultado alcançado na negociação e acompanha a entrega do acordo. lucra. Como comprador, naturalmente, você só pode comprar o que pode pagar.

Aquele que só se preocupa com a execução está fazendo apenas um terço do trabalho. Logo, se a outra parte fizer de forma estruturada o processo completo passando pelas três fases, terá vantagem competitiva e, por consequência, maiores chances de obter resultado satisfatório na mesa de negociação. Muitas negociações são ganhas fora e não na mesa de negociação. A qualidade da preparação e do planejamento possibilita que o negociador tenha domínio na "hora da verdade", transmita maior confiança e tenha mais segurança ao tomar as decisões necessárias. Em suma, o resultado do acordo está intimamente ligado à qualidade do planejamento levado à mesa de negociação.

Neste capítulo, falamos sobre a importância da negociação no campo pessoal e profissional. Apresentamos o que motiva as pessoas a negociarem, definimos o que é negociação, abordamos o tema "conflito" e tratamos a importância do planejamento. No próximo capítulo, falaremos sobre as metodologias que fornecem os pilares do modelo Negociação 7.0.

2

ESCOLAS DE PENSAMENTO EM NEGOCIAÇÃO

Em uma negociação, o paradoxo é que, se você quer ir rápido, é preciso fazer devagar.

| WILLIAM URY

NEGOCIAÇÃO COMPETITIVA X NEGOCIAÇÃO COOPERATIVA

Imagine que você está fazendo uma dinâmica chamada "queda de braço". Você assume a posição de abertura de negociação que consiste em colocar o braço sobre a mesa em posição vertical, segurando firmemente a mão do oponente. Uma tradicional queda de braço. O clima é tenso e existe troca de olhares. Os dois sabem exatamente o que precisam fazer para ganhar. O objetivo do jogo, segundo o professor Bruce Patton, é fazer o maior número de pontos possíveis em dez segundos. Ponto é quando você consegue colocar as costas da mão do oponente na mesa. Trata-se de um jogo com regras simples e que envolve força e determinação. Nada mais do que isso. Força e determinação para ganhar do oponente. Mas, antes que comece a fazer força, o professor alerta: "vamos fazer a queda de braço de olhos fechados".

De olhos fechados e no escuro da mente, você sente seu oponente forçando seu braço e, imediatamente, reage fazendo força. Ação gera reação. Ele, então, força ainda mais. Você imediatamente reage e com isso percebe que os braços tensionados não se deslocam. Estão lutando no centro. Não saem do lugar apesar dos dois competidores estarem colocando toda energia possível. Você sente que começa a ganhar terreno na negociação e começa a ter certa vantagem, conquista alguns preciosos centímetros e, então, quando começa a comemorar, vem um contragolpe feroz. Com uma jogada de ombro, meu oponente vira o jogo e agora está em vantagem. Para sua sorte o professor encerra a disputa e ficam os dois no zero a zero. Você então abre os olhos e sente o braço cansado. Você fez o seu melhor nessa negociação que, infelizmente, terminou em zero a zero; e ainda olha para uma dupla de alunos ao lado que comemoram um resultado dez a dez e não consegue compreender como conseguiram tantos pontos em tão poucos segundos.

Essa dinâmica nos ensina sobre a diferença entre negociações competitivas e cooperativas. Utilizando a dinâmica da queda de braço, vamos analisar as principais diferenças entre esses dois tipos de negociação. Comecemos pela negociação competitiva, aquela onde você colocou muito esforço, mas chegou a um resultado de zero a zero.

CARACTERÍSTICAS DA NEGOCIAÇÃO COMPETITIVA

Os negociadores são adversários: quando você se sentou à mesa para fazer a queda de braço, você via o outro como adversário. Ele era seu oponente. O mesmo ocorre nas empresas quando os negociadores focam nas rivalidades e diferenças. Cada um se senta em um lado da mesa, gerando afastamento entre as partes.

A meta é a vitória: você queria vencê-lo. Em uma negociação competitiva, as partes buscam ganhar do outro e maximizar seu lucro, suas vontades e a defesa de sua posição. Chamamos isso de jogo de soma zero. Se eu ganhar, você perde; se você ganha, eu perco. No final a soma é zero. Trata-se de um jogo ganha-perde, perde-ganha ou perde-perde.

O poder como forma de maximizar o resultado: na queda de braço, a parte que tiver maior força vai exigir uma fatia maior do bolo. Se eu sou mais forte, posso imprimir mais força e ganhar de 3x0 ou 5x0. Dessa forma, tenho a maior fatia do bolo. Se eu sou uma rede forte de supermercado, posso pressionar o fornecedor e pedir descontos, promotores de vendas para as lojas e cortesia como primeira entrega. Por ter maior nível de poder, quero ganhar do outro e focar no resultado sem me importar com a outra parte e o relacionamento.

Foco na substância: negociadores competitivos focam na substância em vez de focar no relacionamento. Quando falamos de substância, nós nos referimos àquilo que está sendo negociado. Se vendo um carro, o carro é a substância. Se vendo uma casa, a casa é a substância. Se o negócio é o restaurante que vou jantar à noite com minha esposa, a escolha do restaurante é a substância, o objeto a ser negociado. Negociadores competitivos focam na substância, deixando o relacionamento em segundo plano. Quando alguém ganha de 5x0, não está preocupado com o que a outra parte perdeu ou deixou de ganhar.

Falácia do bolo fixo: o objetivo do jogo, segundo Bruce Patton era fazer o maior número de pontos possíveis em dez segundos. Os jogadores poderiam flexibilizar seus braços deixando que cada lado ganhasse de maneira alternada. Com isso poderíamos ter resultados 10x10, 15x15 ou mesmo 20x20. Você ganha e depois eu ganho. Mas não foi isso que aconteceu, porque estávamos presos à falácia do bolo fixo. Na sua mente, o bolo era fixo e, portanto, você deveria pegar a maior fatia. Esse pensamento é falacioso porque muitas vezes podemos crescer o bolo antes de dividir. Quando ficamos presos à falácia do bolo fixo, somos levados a uma negociação de soma zero, já que a ação gera reação.

Barganha posicional: quando falamos de posição, nós nos referimos a exigências que são feitas pelos negociadores. São elementos que você diz que quer: demandas, termos, condições e valores. Na queda de braço, você tinha sua posição, e a outra parte buscou, por meio da força, impor sua vontade. Normalmente negociadores competitivos se prendem às suas posições e travam uma barganha posicional nos moldes do exercício da queda de braço. Nós nos agarramos a nossas posições e ninguém quer se mover, mas cada um sabe que de algum modo teremos que sair delas se quisermos chegar mais perto do meio. O que vemos é um breve período de flexibilização, e depois as partes voltam a travar a queda de braço. Uma clássica barganha posicional.

Não separam pessoa do problema: na negociação competitiva, o outro é visto como adversário. As partes exercem o poder. Existe a falácia do bolo fixo. O foco é na substância. Devido a essas características, em alguns casos a negociação competitiva pode caminhar para o lado pessoal, gerando um desgaste muito maior. O outro passa a ser o problema. Eu contra ele. Nós contra eles.

Escalada irracional: ocorre quando, diante de um conflito, os negociadores tomam decisões presentes baseadas em um histórico passado e com isso tendem a replicar um padrão de comportamento. Ação gera reação, que gera uma nova ação e, assim, sucessivamente. Um bom exemplo são as guerras entre nações. Alimentado pelo ódio e intolerância, um povo mata o outro e com isso gera um caminho sem volta. O passado alimenta o presente e reflete em um futuro negativo.

Gasta mais energia: assim como na queda de braço, conflitos competitivos tendem a despender maior gasto de energia para gerar resultados menores. Isso ocorre porque os negociadores utilizam o poder como forma de maximizar o resultado e as partes estão presas em suas posições. Ninguém quer ceder espaço. É por isso que resultados zero a zero ocorrem mesmo com cada parte fazendo o máximo de esforço possível.

Na negociação competitiva da queda de braço, alguns alunos terminaram a dinâmica com 0x0. No entanto, outros fizeram 10x10 utilizando-se da negociação cooperativa. Vejamos quais as características desse tipo de negociação.

CARACTERÍSTICAS DA NEGOCIAÇÃO COOPERATIVA

Os negociadores são solucionadores de problema: diferente da negociação competitiva, que vê o outro como adversário, na negociação cooperativa os negociadores buscam olhar o problema de forma conjunta. Podem até mesmo se sentar do mesmo lado da mesa e olhar os problemas que podem ser projetados em um quadro. Agora, adotando a postura de solucionadores de problemas, vão atacando item a item.

Acordo sensato entre as partes: acordos são bons quando os negociadores atendem seus interesses e, portanto, buscam soluções sensatas. Para nortear o acordo, é fundamental a utilização de critérios objetivos como: valor de mercado, precedente, custo, reciprocidade ou questões legais. As partes devem perceber que existem critérios justos para ambos os lados.

Relacionamento como forma de maximizar resultado: o relacionamento é a base de uma negociação cooperativa. O fortalecimento da confiança, do respeito e da comunicação eficaz entre as partes define o sucesso do grau de parceria entre os negociadores. Nesse sentido vale a frase "andar devagar para depois andar rápido". Negociadores que investem tempo em relacionamento colhem os frutos desse caminho, gerando resultados superiores.

Crescem o bolo para depois dividir: enquanto na negociação competitiva os negociadores ficam presos à falácia do bolo fixo, negociadores cooperativos crescem o bolo para depois dividir. Crescer o bolo significa incluir na negociação elementos que possam gerar moedas de troca com a outra parte. Podemos crescer o bolo inventando opções de ganhos mútuos ou criando valor por meio de troca. Uma pergunta a se fazer: "O que eu tenho de baixo custo para mim e que possa ser de alto valor percebido para outra parte?". Com isso, podemos colocar na mesa algo que seja do interesse do outro negociador e assim fica mais fácil negociar.

Foco no interesse: interesse é tudo aquilo que genuinamente preciso para atender minhas necessidades. Na queda de braço, o interesse era fazer o maior número de pontos possíveis em dez segundos. Portanto, ambos poderiam ceder e flexibilizar fazendo 10x10, 15x15 ou mesmo 20x20. Os interesses eram comuns aos negociadores. Normalmente as pessoas comunicam suas posições e escondem seus interesses. Uma vez mapeados os interesses, a negociação fica mais fácil e desatamos os nós dos conflitos. Negociadores cooperativos são caçadores de interesses e buscam descobrir quais são as necessidades presentes por trás das posições. Mais importante do que entender o que o outro "quer", é saber o que de fato ele "precisa" para atender suas necessidades. Eu preciso lhe entender para poder lhe atender, mas para isso é fundamental compreender os interesses.

Separam pessoa do problema: negociadores cooperativos procuram compreender quais são os problemas e trazem a outra parte para seu lado. Atacando os problemas, evitamos que a negociação caminhe para o lado pessoal e gere uma escalada irracional. Devemos sempre focar no problema e não nas pessoas. Como os americanos falam: seja suave com as pessoas e duro com os problemas.

Menos energia: os negociadores que fizeram 10x10 certamente se desgastaram menos na dinâmica da queda de braço, porque flexibilizaram o objetivo de atender seus interesses. Negociações cooperativas não são fáceis de serem costuradas, mas tendem a gerar menos gastos emocionais no processo e produzem resultados superiores.

QUANDO NEGOCIAR DE FORMA COMPETITIVA E QUANDO NEGOCIAR DE FORMA COOPERATIVA?

A negociação competitiva, embora seja mais dura e em alguns casos até mesmo agressiva, pode gerar resultados satisfatórios. Esse tipo de negociação se justifica em alguns casos: maior nível de poder, a outra parte insiste em ser competitiva e, por fim, devido ao fator tempo.

Quando nosso lado detém maior nível de poder e quando somos mais fortes que a outra parte, podemos impor nossa vontade e maximizar nosso ganho. Devemos apenas ter a certeza de que detemos maior poder hoje e teremos esse nível de poder garantido no futuro. Se essa situação é revertida, a outra parte poderá dar o troco. Quando existe dúvida sobre o nível de poder no futuro, talvez seja mais prudente conduzir uma negociação cooperativa.

Existem casos em que a outra parte insiste em negociar de forma competitiva e, embora você ceda diversas vezes, parece não haver solução. Tentamos demonstrar os benefícios de trabalharmos como parceiros, mas a outra parte nos vê como adversários. Nesses casos podemos endurecer usando táticas competitivas. O professor Robert Bordone ensina em suas aulas como lidar com pessoas difíceis em embates competitivos. Por meio de argumentos baseados em critérios objetivos e mapeamento dos interesses, podemos mudar a postura de algumas pessoas, caminhando para uma negociação cooperativa. No entanto, alguns negociadores são duros e inflexíveis demais. Nesses casos a negociação competitiva poderá ser mesmo o melhor caminho.

O tempo também é um fator crucial na definição do processo a ser utilizado na negociação, afinal, para construir negociações cooperativas, é fundamental que tenhamos tempo para desenvolver relacionamentos. Se não temos esse tempo necessário, terminamos em uma negociação competitiva com foco em substância.

O caminho competitivo é amplamente utilizado por pessoas, empresas e nações. É um modelo comumente praticado no mundo corporativo, mas que acaba deixando valor na mesa. A negociação cooperativa, por sua vez, é defendida pelo *Program on Negotiation (PON)* da Harvard Law School. Os professores acreditam nesse modelo como forma de aumentar os resultados das partes e seguir um caminho que evita deixar valor na mesa. Maiores ganhos com menor desgaste emocional. Um caminho cujos negociadores são solucionadores de problemas e a meta é um acordo sensato entre as partes, que utiliza o relacionamento como forma de maximizar resultados, cujo foco é nos interesses e que separa as pessoas do problema.

Um bom exemplo dos benefícios da abordagem cooperativa está no direito norte-americano. A partir dessa visão em que os negociadores são solucionadores de problemas e caçadores de interesses, a mediação e a arbitragem prosperaram. Estima-se que nos Estados Unidos aproximadamente noventa por cento dos casos no jurídico são solucionados por mediação ou arbitragem. Esse movimento vem como uma onda e gera impacto até mesmo no Brasil, onde o novo Código de Processo Civil (CPC) de 2015, em seu artigo 174, de forma muito original, fomenta a criação — pela União, pelos estados, pelo Distrito Federal e pelos municípios — de câmaras de mediação e conciliação com atribuições relacionadas à solução consensual de conflitos no âmbito administrativo. Percebemos avanços significativos na forma como empresas e governos enxergam o processo de negociação e resolução de conflitos.

De forma resumida, podemos comparar as duas abordagens a fim de traçar as principais diferenças entre elas:

Figura 1 | Comparação dos tipos de negociação

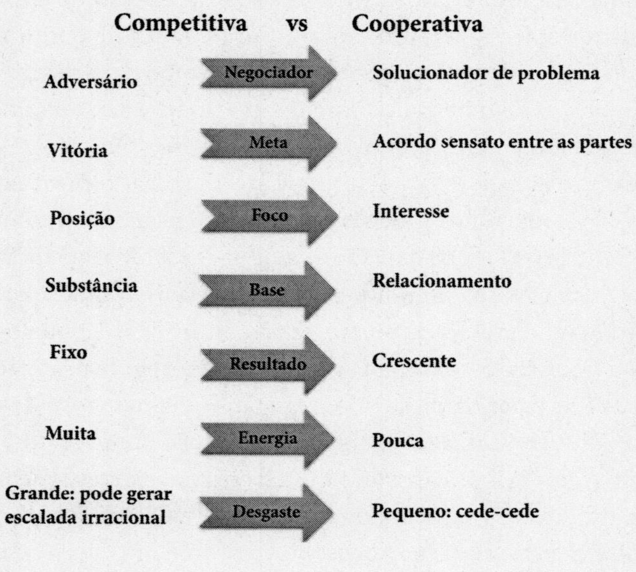

Fonte: dos autores.

Por meio da negociação cooperativa, conseguimos atingir a Fronteira de Pareto. Esse conceito, desenvolvido pelo economista Vilfredo Pareto (1981), refere-se a uma situação econômica ótima no sentido de Pareto. Ela ocorre quando não é possível melhorar a situação, ou, mais genericamente, a utilidade de um agente, sem degradar a situação ou utilidade de qualquer outro agente econômico. Chega-se a um ponto ótimo. Esse conceito, aplicado à negociação, define o melhor acordo possível com os recursos disponíveis.

No caso da queda de braço, o recurso disponível era o tempo de dez segundos. Então, qual é o melhor resultado possível nessa dinâmica de negociação? Talvez 20x20 ou 25x25? Qual a velocidade máxima que uma dupla consegue alternar o ganho das partes? Como podemos maximizar a satisfação dos jogadores?

Podemos visualizar esse conceito no slide que o professor Bruce Patton apresenta em suas aulas, no qual ZAP é a Zona de Acordo Possível dos negociadores e, nos eixos X e Y, encontramos o grau de satisfação dos negociadores.

Figura 2 | Fronteira de Pareto aplicada à negociação

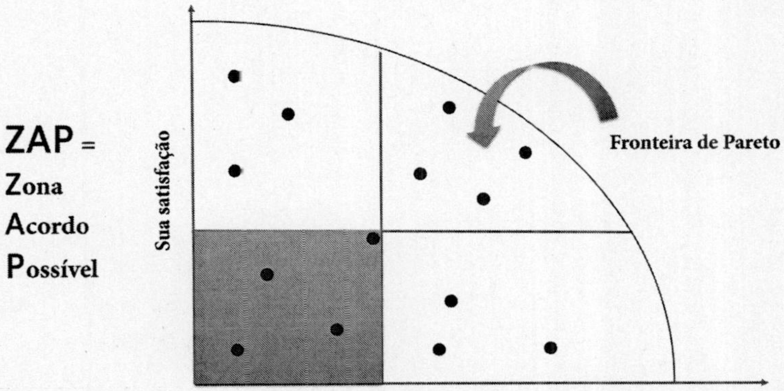

Fonte: adaptação do slide do prof. Bruce Patton.

Perceba que na zona cinza podemos encontrar acordos 0x0, 1x0, 2x2 ou mesmo 3x0. A princípio, 3x0 pode parecer um bom resultado para o jogador que fez 3, no entanto, existe uma zona com acordos melhores no quadrante superior esquerdo e inferior direito. Mas é na Fronteira de Pareto que encontramos os melhores acordos possíveis. Uma zona que possibilita o maior grau de satisfação dos negociadores.

Se pensarmos de maneira mais simples, toda negociação envolve três componentes principais que devem ser gerenciados para que possamos atingir a Fronteira de Pareto, são eles: substância, relacionamento e processo.

Figura 3 | Componentes principais da negociação

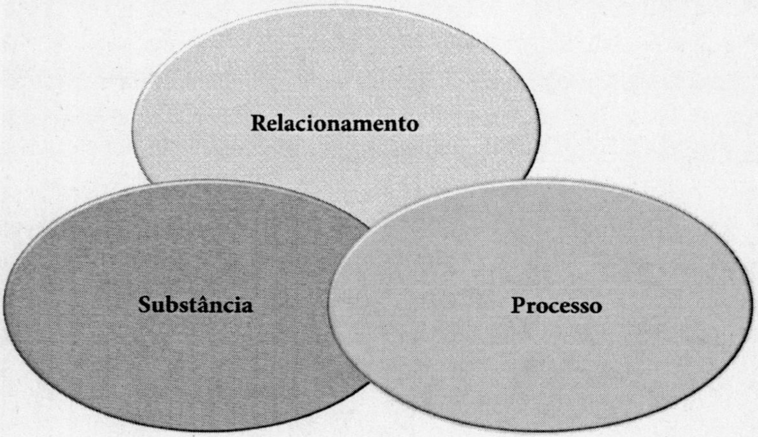

Fonte: adaptação do livro do prof. Robert Mnookin (2000), *Beyond Winning*.

Substância é aquilo que está sendo negociado. Pode ser um produto, serviço ou mesmo uma situação. Toda negociação sempre terá uma substância, que é o motivo que deu início ao processo negocial. No modelo 7.0, veremos mais à frente o que chamamos de objeto da negociação.

Já o relacionamento é a ligação afetiva, profissional ou de amizade entre pessoas que interagem por meio da comunicação para chegar a um acordo. Para facilitar a compreensão da importância do relacionamento nesse processo, desenvolvemos uma fórmula.

FÓRMULA DO RELACIONAMENTO

RELACIONAMENTO = (C1 X R X C2) (1+A)

C1 = Confiança | R = Respeito | C2 = Comunicação | A = Admiração

Fonte: dos autores.

O relacionamento, nesse sentido, é uma função de confiança, respeito, comunicação e admiração, em que os três primeiros elementos se multiplicam, ao passo que a admiração soma. Existe um motivo para isso. Quando zeramos a confiança, respeito ou comunicação, o relacionamento acaba no médio/longo prazo. Não é possível ter relacionamento com zero confiança, assim como não é possível ter relacionamento sem que haja comunicação entre as partes. Podemos abrir o elemento Confiança (C1) em três Cs, que são: clareza, coerência e credibilidade.

- → **Clareza** é a transparência entre as partes.
- → **Coerência** é o ato de pensar, falar e agir de forma correta.
- → **Credibilidade** é conquistada pela verdade.

Podemos entender melhor a fórmula do relacionamento ao conjugar esses elementos. Vejamos o princípio da coerência, por exemplo. Se uma pessoa pensa de uma forma, fala de outra e age de maneira conflitante com suas palavras e pensamentos, então ela não tem coerência. Por não ter coerência, o C1 da fórmula, que é confiança, acaba sendo minado. Com a confiança abalada, o relacionamento é deteriorado.

Isso também se aplica aos elementos comunicação e respeito. A falta de respeito vai minando o relacionamento e, aos poucos, tende a não mais existir. Quando queremos terminar um relacionamento, a forma mais rápida e menos traumática é eliminar o C2 de comunicação. Não atender as ligações, não responder aos e-mails e cortar os laços faz com que a outra parte se afaste. Importante compreender que o silêncio também é uma resposta e que informa ao outro que não existe mais interesse naquela relação. Zerar qualquer um dos 3 elementos (C1, R ou C2) acaba com o relacionamento.

Quando tratamos da admiração, a abordagem é diferente. Nós não admiramos todos aqueles com quem fazemos negócios, então podemos ter zero admiração e, mesmo assim, ter uma relação comercial saudável. Zerar admiração não inviabiliza o negócio. Concluímos então que admiração é algo que soma, agrega e adiciona à fórmula do relacionamento, mas que não é essencial como os demais elementos (C1, R e C2). Precisamos apenas tomar certo cuidado com a admiração porque, à medida que existe alto grau de admiração, aumenta-se também o grau de expectativa. Caso a pessoa com alto grau de expectativa se sinta desvalorizada, desprestigiada ou desrespeitada, o amor pode virar ódio. Quanto maior o grau de admiração, maior o grau de expectativa e, por consequência, maior o grau de decepção. Por isso torna-se importante identificar quem são nossos seguidores, aquelas pessoas que falam bem da nossa marca, do nosso produto e nos vendem para outras.

O relacionamento é algo que diferencia o resultado da negociação, por isso é fundamental andar devagar para depois andar rápido. Andar devagar significa construir uma base sólida de confiança, respeito e criar uma comunicação aberta e fluida. Ainda dentro do C1 de confiança, precisamos ser claros (transparentes), ter um discurso coerente com nossos pensamentos e transmitir credibilidade.

Tratamos de substância e relacionamento. Existe, por fim, o processo que será o caminho percorrido na negociação. Alguns negociadores optam por uma barganha posicional clássica, outros preferem a cooperação por meio do círculo de valor. Vejamos as diferenças entre esses dois caminhos tão distintos.

BARGANHA POSICIONAL CLÁSSICA

A clássica barganha posicional segue os moldes da negociação competitiva e, portanto, o foco é na substância. Os negociadores tendem a ancorar um preço inicial, ditando assim a abertura da negociação. Muitas vezes o primeiro movimento é uma ancoragem elevada, algo como um preço alto. A oferta inicial normalmente é rejeitada pela outra parte e, na sequência, uma contraoferta é feita com valor muito abaixo do primeiro preço colocado na mesa. Pronto. Nesse momento a corda começa a ficar esticada com cada um em uma ponta. As posições estão marcadas e os negociadores começam a fazer força, buscando trazer o outro para a sua verdade. Algo como um cabo de guerra ou mesmo uma queda de braço.

A cada golpe existe um contragolpe de igual intensidade até que os negociadores começam a fazer ameaças. Frases como "menos do que isso eu não posso", "assim prefiro não fechar acordo" ou "vamos dar um tempo, vou cotar outros fornecedores" são ameaças que buscam intimidar a outra parte e marcar o limite, algo como uma linha que define até onde podem chegar. A tensão na mesa nessas horas tende a ser grande e a corda está prestes a arrebentar. Alguns negociadores preferem dar a última cartada com a clássica "é pegar ou largar". Essa frase, no entanto, é perigosa, principalmente se o negociador tiver poucas alternativas no caso do acordo não se concretizar, porque, se o outro se afastar, o negociador ficará sem saída e terá que correr atrás, perdendo seu poder de barganha.

Nesse momento das ameaças, os negociadores talvez se afastem. O fornecedor poderá vender seu produto para outro cliente e o comprador, por sua vez, poderá buscar outro fornecedor que o atenda.

Se existe uma alternativa melhor fora da mesa sendo oferecida por outro cliente/empresa, então nesse caso o não acordo entre as partes poderá ser a solução mais sensata.

Mas existe ainda a chance de os negociadores chegarem a um meio-termo, em que encontrem uma saída e façam um bom acordo no lugar conhecido como: "Nem você, nem eu. Meio a meio". O gráfico a seguir demonstra esse caminho percorrido na clássica barganha posicional. Ancoragem e contra-ancoragem, ameaças e contra-ameaças, fechamento ou afastamento.

FIGURA 4 | Barganha Posicional Clássica

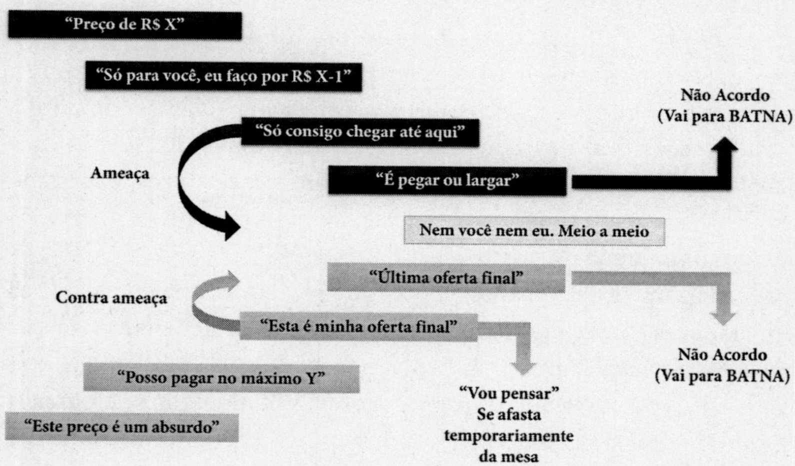

Fonte: adaptação do slide do prof. Bruce Patton.

CÍRCULO DE VALOR

O círculo de valor segue os moldes da negociação cooperativa, cuja base é o relacionamento. É preciso trabalhar componentes como respeito, confiança e melhorar a comunicação em um processo contínuo, a fim de conhecer melhor o outro, seus medos, suas necessidades e emoções; conhecer a empresa em que a pessoa trabalha, quais produtos ela oferece e se colocar no lugar dela. Mais que isso, enxergar o mundo como ela vê e sua motivação, para que você encontre soluções que a atendam. É como mencionado anteriormente, "andar devagar para depois andar rápido". Andar devagar significa construir uma boa base de relacionamento e desenvolver empatia, passando credibilidade. Só assim conseguimos avançar e deixar a outra parte segura e à vontade para abrir seus interesses.

O segundo momento do círculo de valor é o mapeamento dos interesses. Normalmente as pessoas comunicam suas posições, suas exigências e não dividem suas verdadeiras necessidades. O que está por trás das posições são os interesses, e estes sim desatam o nó da negociação. Nos interesses encontramos a essência da negociação, o elemento principal a ser perseguido por meio de perguntas bem formuladas. Quando chegamos aos interesses genuínos, conseguimos pensar nas opções para um bom acordo, tais como argumentos e moedas de troca, que são dois passos da metodologia 7.0.

Quando falamos em opções, nós nos referimos a possíveis acordos que podem ser feitos. Pensamos no prazo, forma de pagamento, garantias e data de entrega, por exemplo. As opções são as soluções colocadas na mesa de negociação e que poderão ser melhoradas no decorrer do processo. O professor Lawrence Susskind nos ensina que ao apresentar opções devemos sempre apresentar duas. Pergunte ao comprador: "Você prefere a opção 1 ou a opção 2? Qual dessas lhe atende melhor? Qual dessas não lhe atende?". Caso o comprador diga que a opção 1 não atende, então apresentamos outra dupla de opções: "E agora, qual prefere: a opção 2 ou a opção 3? Qual lhe atende melhor?". Sendo assim, ter opções em negociação é uma grande fonte de poder!

Sempre apresentamos duas opções. Se apresentarmos apenas uma opção, pode parecer que estamos empurrando-a. Ao apresentarmos três ou quatro, geramos o poder da dúvida. Então, o número mágico são duas opções. Importante notar que estas são apresentadas somente depois de mapearmos os interesses, então não é um chute ou uma tentativa sem informação. Estamos apresentando opções que atendem aos interesses da outra parte. E mais, estamos apresentando opções para alguém com quem temos relacionamento construído em base sólida.

Na sequência fortalecemos o acordo com legitimidade, ou seja, trabalhamos com critérios objetivos que legitimam e passam ao outro sentimento de justiça e equidade. Instrumentos como princípios, regulamentos, políticas e leis poderão ser utilizados como balizadores e suportar melhor a avaliação final. Um bom acordo é alcançado quando as partes se sentem tratadas com justiça. Isso mantém sua credibilidade protegida, e o relacionamento, fortalecido.

O desfecho do círculo de valor está no acordo ou não acordo. Diante das opções, os negociadores devem tomar a decisão. Se possuírem alternativas fora da mesa que superam o pacote de valor oferecido pelo negociador, então o não acordo é o caminho mais sensato. Mas, se as opções apresentadas na mesa são melhores do que as alternativas oferecidas fora dela, então é mais prudente fechar o acordo e pensar nos compromissos, os quais são declarações sobre as intenções que as partes pretendem fazer no futuro. Em processo de negociação, é muito comum pessoas falarem uma coisa e fazerem outra, portanto é fundamental amarrar o acordo; e, por isso, os compromissos alinhados e assinados evitam renegociações e processos desgastantes na justiça.

Nesse contexto, o círculo de valor pode ser compreendido em três etapas. A primeira se refere à construção de relacionamento. Nela, é fundamental ser respeitoso, gerar empatia e se colocar no lugar do outro. Devemos evitar fazer propostas, assumir compromissos ou ancorar preço, não é o momento oportuno. O foco aqui é o relacionamento.

Na segunda etapa, devemos mapear os interesses da outra parte para então trabalhar as opções. Devemos crescer o bolo e inventar opções de ganhos mútuos. Possíveis acordos que satisfaçam ambos os lados de forma justa.

Por fim, a decisão de fechamento, ou não, do acordo. Se fecharmos o acordo, caminhamos para os compromissos. Se optarmos pelo não acordo, então seguiremos com as alternativas oferecidas por outras pessoas/empresas, ou seja, utilizamos nossa MACNA.

Abaixo, conseguimos visualizar este processo que tem como objetivo maior atingir a Fronteira de Pareto, deixando assim menos valor na mesa:

FIGURA 5 | Círculo de Valor

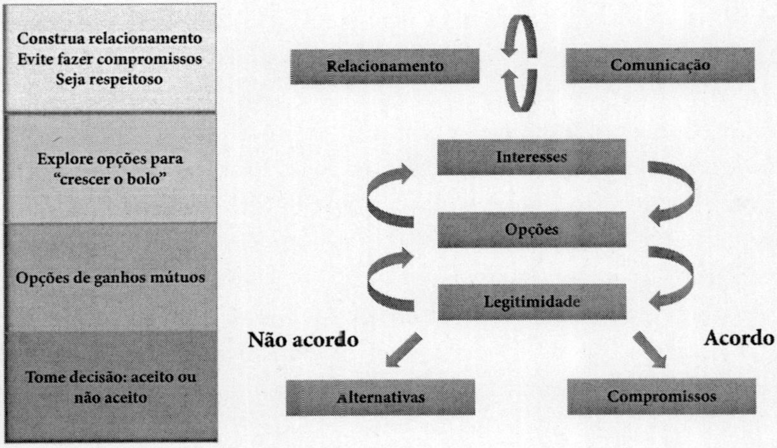

Fonte: adaptação do slide do prof. Bruce Patton.

Embora negociações aconteçam todos os dias, não é fácil conduzi-las com sucesso. Estratégias padronizadas, muitas vezes, deixam parceiros insatisfeitos e desgastados. Quando as pessoas estão em um dilema, elas percebem duas maneiras de negociar: sendo bondosas ou duronas.

O negociador bondoso, amigável, quer evitar conflitos pessoais, portanto, às pressas, faz concessões para chegar a um acordo. Ele quer uma solução amigável, no entanto é explorado e sente um gosto amargo no final. Já o negociador durão enfrenta qualquer situação como uma guerra, deseja uma disputa na qual o lado que leva as posições mais extremas e resiste mais tempo obtém os melhores resultados. Ele quer ganhar, mas muitas vezes acaba causando uma reação igualmente dura da outra parte, que deseja esgotá-lo e obter seus recursos, além de prejudicar as relações no futuro, enfraquecendo o relacionamento.

Enquanto isso, há uma terceira maneira de negociar, que não é nem rude nem gentil, mas que diz que devemos ser "suaves com as pessoas e duros com os problemas". Esse é o método de negociação baseado em princípios, desenvolvido no projeto de negociação da Harvard Law School, que decide as questões por meio de seus méritos e critérios objetivos.

Tal modelo de negociação é baseado em princípios rigorosos sobre os méritos, ou seja, duro com os problemas e gentil com as pessoas, focando no relacionamento, mas sem abandonar o resultado, sem usar truques e nem assumir posturas rígidas. A negociação baseada em princípios mostra como obter aquilo a que você tem direito e ainda agir de modo decente. É um método de negociação expressamente concebido para produzir resultados eficientes e relacionamentos duradouros.

Vejamos os quatro principais pontos do modelo de negociação proposto pelo livro *Como chegar ao sim*, dos renomados professores Roger Fisher, William Ury e Bruce Patton, do *Program on Negotiation*, da Harvard Law School, conforme a seguir:

- → **Pessoas**: separe as pessoas do problema.
- → **Interesses**: concentre-se em interesses, não em posições.
- → **Opções**: invente opções de ganhos mútuos.
- → **Critérios**: insista em usar critérios objetivos que dão legitimidade.

O primeiro ponto está relacionado ao fato de que os seres humanos não são computadores. São criaturas de emoções fortes que, muitas vezes, têm diferentes percepções que geram conflitos e dificuldade para se comunicar com clareza. Devemos ser duros com o problema — ou seja, o conflito —, porém suaves com as pessoas. Aliás, quanto mais conflitante for a situação de negociação, mais afetivos e suaves devemos ser com as pessoas.

Um processo de negociação importante mexe com o emocional, e uma atitude errada pode atrapalhar toda a negociação. Neste caso, as emoções são misturadas com os méritos da questão, e tomar posições apenas agrava a situação, já que os egos passam a misturar-se com as posições. Portanto, para administrar o conflito, precisamos focar no problema e não na outra parte que está negociando. Quanto mais racional for a negociação para uma pessoa que usa uma metodologia, melhor. Quando a negociação vai para a emoção, não é bom para quem usa a metodologia, pois a outra parte não vai ouvir os argumentos, as moedas de troca e as alternativas.

Inteligência emocional é fundamental para um negociador de alta performance, e esse princípio está relacionado a manter uma postura assertiva na mesa de negociação, embasando suas decisões em critérios objetivos, argumentos e valores que dão legitimidade às suas escolhas, legitimam as decisões e geram acordos satisfatórios e duradouros para todas as partes.

O segundo ponto do modelo aborda a desvantagem de concentrar-se nas posições apresentadas, quando o objetivo da negociação é atender e satisfazer os interesses subjacentes. Assumir uma posição na negociação, muitas vezes, esconde o que você realmente quer. Estabelecer compromissos entre posições não tende a produzir acordos que apontem efetivamente para as necessidades humanas que conduziram à adoção das posições colocadas. Desse ponto do método, deriva-se um passo importante da metodologia de Negociação 7.0: "Posição *vs* Interesses".

As posições são itens que a outra pessoa expressa, como prazos, taxas e custos. O negociador de alta performance deve sempre descobrir e focar nos interesses escondidos nessas posições, como as necessidades pessoais, aspirações, medos e ambições do outro negociador. Para isso, é fundamental focar no relacionamento, passar credibilidade e fazer boas perguntas sempre que uma posição conflitante seja colocada pela outra parte. Podemos perguntar: "por que este ponto é importante para você?"

Esse princípio nos auxilia a entender o outro lado, afinal, por trás de posições conflitantes, podem estar interesses complementares, ou seja, muitas vezes na posição existe conflito entre as partes, mas nos interesses, não. Além disso, sabendo os interesses que estão por trás das posições, podemos usar os argumentos e moedas de troca corretas, evitando assim oferecer um desconto a um cliente que quer um prazo de entrega menor, ou usar um argumento prejudicial à negociação.

O terceiro ponto mostra a dificuldade de encontrar as melhores soluções quando se está sob pressão. Muitas vezes, decidir na presença de um adversário é difícil, pois existem muitos elementos em jogo, e isso inibe a criatividade. Isso também se aplica ao tentarmos encontrar uma única solução correta. Você pode compensar tais limitações se reservar certo tempo para pensar sobre uma ampla gama de soluções viáveis e de alternativas que podem dar origem a interesses comuns e, de modo criativo, conciliar os conflitos.

As possibilidades apresentadas na mesa geram uma grande fonte de poder, e ter opções de ganhos mútuos trata-se de uma prática imprescindível se você quer chegar a um bom acordo. Como já falamos no início do capítulo, primeiro devemos aumentar o bolo ampliando o número de opções, tais como moedas de troca, por exemplo, para depois dividir. Considere uma sessão de *brainstorming* ou *design thinking* (Canvas) com o outro lado. Quando conseguimos interagir e ter a empatia da outra parte, criando uma solução a quatro mãos, tudo fica mais fácil na negociação. Crescer o bolo para depois dividir. Muitas vezes, é melhor ter vinte por cento de um bolo gigante do que oitenta por cento de um bolo reduzido.

De acordo com o quarto e último ponto do modelo proposto, um negociador de alta performance deve insistir no uso de critérios objetivos, que devem ser aceitos por todas as partes para gerar legitimidade e que servem como parâmetros, balizadores que dão certa lógica e justiça à negociação. Esses termos são escolhidos em comum acordo pelos negociadores, e isso significa que o resultado deve ser determinado pela escolha de um padrão razoável, como o valor de mercado, a tabela da Fundação Instituto de Pesquisas Econômicas (FIPE), as opiniões de especialistas ou a legislação vigente.

Na metodologia 7.0, chamamos de "Argumentos e Valores", ou seja, os critérios objetivos da negociação. Eles são importantes para persuadir a outra parte e legitimar o resultado da negociação, além de dar certo equilíbrio entre resultado (aspectos substantivos) e relacionamento (aspectos relacionais) nas negociações. Podemos ter argumentos pessoais sobre a empresa, o produto ou o serviço que estamos negociando etc.

Os argumentos e valores também servem para sermos assertivos nas negociações, explicando e embasando o "sim" ou o "não" sobre determinado assunto colocado para a outra parte. Ter uma postura assertiva é fundamental quando negociamos com agressivos. A arma para tratar o agressivo ou o sarcástico, em uma negociação, é a assertividade, ou seja, dizer "sim" ou "não" e o porquê. Atuando dessa forma, evitamos o lado emocional e seguimos com a razão.

No livro *A arte da guerra* (2004), de Sun Tzu, existe uma passagem que diz:

> Se você conhece o inimigo e conhece a si mesmo, não precisa temer o resultado de cem batalhas. Se você se conhece, mas não conhece o inimigo, para cada vitória ganha sofrerá também uma derrota. Se você não conhece nem o inimigo e nem a si mesmo, perderá todas as batalhas.

Se parar para pensar, o resultado de uma negociação está intimamente ligado ao conhecimento. O conhecimento da outra parte na mesa de negociação, ao conhecimento de si mesmo, ao conhecimento das informações e ao conhecimento do processo como um todo. Sendo assim, o método proposto por Richard Shell (2001), da Universidade de Wharton, traz uma abordagem diferenciada e possui um pensamento holístico da negociação.

O ponto de partida do estudo conduzido por essa prestigiosa universidade foi compreender seis fatores críticos que afetam o resultado de uma negociação, são eles: estilo do negociador, suas metas e expectativas, os padrões e normas dominantes, relacionamento, interesses das partes e o poder da influência. Segundo Shell (2001), conhecendo esses fundamentos, o negociador está pronto para criar um planejamento estruturado para sua negociação. Tal planejamento, de acordo com o autor, contém quatro etapas, que são: 1) preparação da estratégia, 2) troca de informações, 3) propostas/concessões e 4) fechamento do acordo/compromissos. Sendo assim, o método proposto por Shell contém seis fundamentos e um processo formado por quatro etapas. Vamos entender melhor esses fundamentos e os passos para se atingir o sucesso nos acordos.

O PRIMEIRO FUNDAMENTO ESTÁ RELACIONADO AO ESTILO DO NEGOCIADOR. Cada um de nós possui uma maneira de pensar e agir. Essas características individuais estão intimamente ligadas aos modelos mentais que desenvolvemos ao longo da vida, fruto de experiências passadas, valores, crenças, religião, cultura e formação acadêmica. Diante de um dilema, algumas pessoas agem de forma diferenciada e outras seguirão o mesmo padrão. Mas será que existem padrões iguais entre grupos de indivíduos? Será que pessoas que agem da mesma forma podem ser categorizadas da mesma maneira? Muitos estudos têm sido feitos para determinar os perfis dos seres humanos. Temos os quatro perfis de Ned Herrmann, o modelo DISC, *Myers Briggs Type Indicator* (MBTI) e ainda o eneagrama. São formas de mapear as pessoas de acordo com características comuns, dividindo grupos de pessoas em quadrantes. O modelo Herrmann e DISC trabalham com quatro quadrantes, já o eneagrama, com sete máscaras. Shell trabalha com uma classificação que define cinco estilos de negociadores.

Para facilitar a classificação, vamos imaginar um exercício interessante. Apenas um exercício mental pelo qual você será levado a tomar uma decisão e assim faremos a análise de seu perfil. Vamos lá. Imagine que você é uma das dez pessoas sentadas em uma mesa redonda. Todas as pessoas são desconhecidas. Entra um instrutor na sala e faz uma proposta: "Darei um prêmio de mil dólares para cada uma das duas primeiras pessoas que conseguir convencer a pessoa sentada do lado oposto a se levantar, dar a volta na mesa e ficar de pé atrás de sua cadeira". Você consegue se imaginar nessa cena? Sentado à mesa, olhando a pessoa do outro lado e sabendo que poderá ganhar mil dólares se falar a coisa certa e convencê-la a se levantar, dar a volta na mesa e ficar de pé atrás de sua cadeira. E precisa ser rápido porque, se demorar, outros podem conseguir e você ficará sem nada. Apenas duas pessoas sairão com mil dólares do jogo. O que você faria? Qual sua reação?

Antes de continuar, peço que feche os olhos e responda para si mesmo: qual foi a primeira ideia que surgiu na sua cabeça? O que você faria?

Vamos analisar as possíveis reações de acordo com os cinco perfis:

Evita conflito: a reação comum para alguém que possui esse perfil é não fazer nada. Poderia dizer que não quer participar da brincadeira ou dizer que não acredita que alguém vai dar os mil dólares por algo assim. É um perfil que não gosta de participar de jogos em que existem ganhadores e perdedores. São pessoas que preferem paz e silêncio, evitam conflitos e duelos e fazem de tudo para se esquivar de um confronto.

Transigente: a reação desse perfil é de ceder. Se a outra parte oferece quinhentos dólares para você se levantar, dar a volta na mesa e ficar atrás da cadeira, você fará isso a fim de gerar um ganho justo para ambos os lados. São pessoas que focam no relacionamento e buscam relações de longo prazo. Os transigentes apreciam uma divisão equânime e acordos que sejam bons para ambas as partes.

Prestativo: a pessoa prestativa se levanta de imediato e corre para completar o circuito antes mesmo de a outra parte abrir a boca. Você não negocia, simplesmente age para resolver o problema, porque acredita que assim a outra parte dividirá o prêmio e assume o risco. Se o outro lado achar justo, isso irá acontecer, mas, se ele for ganancioso, pegará o prêmio todo para si e você receberá apenas palavras de agradecimento. O prestativo gosta de solucionar conflitos e resolver problemas de outras pessoas.

COMPETIDOR: esse perfil gritaria: "Levante-se e venha para trás da minha cadeira antes que seja tarde demais!". Os competidores adoram controlar a situação e podem inclusive blefar. Assim que o dinheiro estivesse em suas mãos, eles fariam uma divisão pela qual ficariam com a maior parte, deixando menos para o outro lado. Esse perfil muitas vezes faz ameaças, exigências elevadas e usa o poder como forma de maximizar seus resultados.

SOLUCIONADOR DE PROBLEMA: a última solução e a mais criativa seria você argumentar: "Vamos levantar nós dois juntos e cada um corre para ficar atrás da cadeira do outro, assim ambos ganhamos os mil dólares". Essa é a solução daquele que possui o perfil solucionador de problema. Ele mapeia o cenário e de forma inteligente e criativa busca uma solução de ganhos mútuos. Esse perfil tem a facilidade de mapear os interesses das partes e de avaliar as opções disponíveis, além de solucionar o problema utilizando padrões justos de divisão.

Saber qual é nosso perfil nos ajuda, inclusive, a entender o **SEGUNDO FUNDAMENTO**, o das **METAS** e **EXPECTATIVAS**. Nossas metas indicam a direção, ao passo que as expectativas fornecem o peso e a intensidade. Tais metas indicam a direção, ao passo que as expectativas fornecem o peso e a intensidade. Se compararmos a negociação com o mundo dos esportes, percebemos que há algumas semelhanças. Metas desafiadoras e específicas têm o potencial de aumentar de forma expressiva o desempenho do atleta. Sendo assim, possuir metas e expectativas, auxilia no atingimento dos resultados alcançados no processo negocial. Além disso, acionamos mecanismos psicológicos poderosos a fim de superar as adversidades e ao buscarmos nossas metas. O cérebro é capaz de construir modelos mentais poderosos e eliminar os sabotadores quando sabe a direção que precisa seguir. Por fim, o ser humano tem mais facilidade de lutar por algo a que se comprometeu a fazer do que por uma ação que não possui qualquer tipo de métrica para medir performance.

No famoso livro de Lewis Carroll, *Alice no País das Maravilhas* (1865), existe uma passagem muito interessante. Alice se encontra com um gato que se materializa, então ela pergunta: "Poderia me dizer qual destas estradas devo tomar?" O gato então responde: "Isso depende muito de onde quer chegar." Retruca, então, Alice: "O lugar não importa". O gato, por fim, responde "Então não importa qual estrada tomará".

Em outras palavras, se você não sabe qual o destino, então qualquer caminho serve. Ter metas em uma mesa de negociação é criar uma direção. Entender aonde se quer chegar. Esse segundo fundamento aponta o caminho a ser seguido. Uma vez que sabemos qual é o nosso perfil e qual é o da outra parte, podemos definir quais metas devemos adotar e a quais expectativas devemos atender para medir o resultado.

O TERCEIRO FUNDAMENTO É O DOS PADRÕES E NORMAS DOMINANTES. O ser humano tem a necessidade de mostrar coerência em suas ações, assim como exige o mesmo dos seus pares. Queremos ser tratados na mesa de negociação com justiça e equidade e ninguém fará negócio "n" vezes com alguém que lhe trata de forma injusta. Pode até fazer uma ou duas negociações caso o nível de poder da outra parte seja muito superior e não haja alternativa no mercado, mas rapidamente o negociador encontrará uma rota de fuga para futuros negócios. Sendo assim, as pessoas querem perceber que houve justiça e equidade na relação comercial. E como conseguir isso?

A resposta está nos padrões. Os vendedores de carro usam a tabela da Fundação Instituto de Pesquisas Econômicas (FIPE) como referência, os bancos trabalham com o Certificado de Depósito Interbancário (CDI) como parâmetro, os corretores de imóveis mencionam "transações similares" realizadas naquele bairro ou fazem o cálculo por metro quadrado. Se voltarmos no tempo, lembraremos que, mesmo quando crianças, utilizávamos padrões para resolver conflitos, por exemplo, "quem pega o brinquedo primeiro, brinca primeiro". Ou então, "agora é a minha vez, já que você brincou nos últimos dez minutos". Ao argumentar usando esse raciocínio, chamamos a outra parte para a prática do bom senso. No mundo dos negócios, podemos usar diversos padrões, como por exemplo: valor de mercado, custo, precedente, performance, questões legais, questões ambientais ou mesmo normas internas da companhia.

Relacionamento é o quarto fundamento e talvez o mais importante deles. Conforme vimos anteriormente, é por meio da construção da confiança, respeito, comunicação e admiração que potencializamos a força capaz de gerar bons negócios. Quanto melhor for o relacionamento com a outra parte, mais ela estará propensa a ouvir sua proposta. Mas será que existe diferença entre relacionamentos pessoais *vs* relacionamentos comerciais? Certa vez, Richard Shell entrevistou um diretor de banco de investimento acerca do que lhe causava maior ansiedade durante uma negociação. Então o diretor respondeu: "Entrar em uma sala de reunião e ver um amigo sentado do outro lado da mesa. É difícil executar o trabalho quando estamos preocupados com a possível perda de um amigo". Nesse caso, o diretor do banco possuía interesses conflitantes com a outra parte e sabia que teria que gerenciar a amizade construída. As pesquisas confirmam que relações pessoais minimizam os conflitos e as partes tendem a buscar acordos que gerem ganhos mútuos. Por isso a ansiedade do diretor.

Existem estratégias práticas e eficientes para que possamos construir relacionamentos de forma rápida e assim nos beneficiarmos de negócios mais justos. Um dos princípios é a similaridade, ou seja, descobrir se a pessoa gosta das mesmas coisas que você. Quais são os pontos em comum? Frequentaram a mesma faculdade? Possuem filhos da mesma idade? Algum hobby em comum? Algum gosto ou preferência culinária ou musical? Gostam de moto ou carro? Torcem pelo mesmo time de futebol? Enfim, o que você e a outra parte têm em comum? Encontrar pontos em comum aproxima as partes e cria vínculos que fazem a negociação fluir de forma mais natural.

Outra estratégia é dar presentes ou fazer algum favor. Esse mecanismo gera o sentimento de reciprocidade e a outra parte fica com uma dívida emocional a ser paga em momento oportuno. Os presentes sinalizam a vontade de criar relacionamento de longo prazo, o que aproxima os negociadores, já que tais gestos adquirem um peso simbólico. Precisamos apenas tomar cuidado nos dias de hoje porque muitas empresas têm adotado políticas severas no que se refere a presentes e favores. Normas de *compliance* sinalizam os colaboradores com a linha reta a ser seguida a partir de padrões éticos de conduta. Atualmente é comum as empresas estipularem valores para os presentes a serem dados aos clientes ou mesmo valor máximo que um colaborador pode receber de um fornecedor a fim de coibir a dívida emocional ou gerar algum possível conflito de interesse. Mas uma coisa é fato: presentes são ferramentas poderosas para criar um canal de comunicação com a outra parte.

Existe ainda a estratégia de utilizar as redes de relacionamento como forma de alavancar os negócios. Quando estamos negociando com alguém e possuímos uma pessoa em comum, isso auxilia na criação de um vínculo maior confiança em menos tempo. Na China, por exemplo, essas conexões são tratadas com muita seriedade e as pessoas são medidas pelo grau de *guanxi*[1]. De acordo com o artigo Chinese Negotiation (2003), publicado na Harvard Business Review, "as ligações são um fato da vida nos negócios. Com o *guanxi* adequado, as portas se abrem e os acordos são realizados. Sem ele, os acordos mais simples podem fracassar". Ter acesso às pessoas certas, encontrar as indicações e desenvolver boas conexões é fator crítico de sucesso no mundo dos negócios.

Importante notar que relacionamento não fecha negócio, mas abre porta e, ao abri-la, o negociador pode entender as necessidades da outra parte, compreender o que o cliente precisa e, assim, oferecer opções que satisfaçam essas necessidades. Mas, sem relacionamento, a porta ficará fechada e será difícil entender as necessidades do outro. A falta

[1] No ocidente há uma supervalorização do saber, na cultura chinesa valoriza-se "quem você conhece", suas conexões sociais, ou seja, seu *guanxi*.

de relacionamento implica em negociadores tentando adivinhar as necessidades e apresentando opções que muitas vezes não estão de acordo. Muitos negócios são malsucedidos porque os negociadores pulam a etapa de construção de relacionamento e tropeçam na falta de confiança, ou, então, em propostas mal estruturadas porque um muro foi levantado entre as partes.

O QUINTO FUNDAMENTO REFERE-SE AO MAPEAMENTO DOS INTERESSES. Entender os interesses significa descobrir o que a outra parte precisa, não apenas o que ela diz que quer, mas aquilo que, de fato, ela precisa para atender suas necessidades. Tão importante quanto conhecer o interesse da outra parte é conseguir definir, de forma clara e objetiva, quais são seus próprios interesses na negociação. Negociação é um exercício de influência, portanto preciso entender quais são as necessidades das partes naquele momento, o que de fato cada uma precisa. Existe um conto que ilustra o dilema entre posição e interesse. Trata-se da história de João, Maria e a laranja.

Certo dia, o pai chegou em casa e encontrou seus filhos, João e Maria, brigando por uma laranja. Só havia uma laranja na casa, ou seja, era um recurso escasso e ninguém queria ceder. João dizia que queria a laranja. Maria dizia que queria a laranja. O pai então pensou em uma forma de resolver aquele conflito entre os filhos e falou: “Vou resolver esse problema, já que não conseguem chegar a uma solução”. Os filhos ficaram atentos para a decisão do pai: “João, corte a laranja e, Maria, escolha o primeiro pedaço”". João não queria que Maria levasse um milímetro a mais da laranja e por isso mediu o local exato que iria cortar a laranja. Partiu bem no meio. Sabia que se partisse sessenta por cento x quarenta por cento, Maria teria o poder da escolha e pegaria o maior pedaço. Para evitar isso, João a cortou bem no meio. Certinho. Maria, olhando os dois pedaços tão iguais, escolheu um. João então ficou com a outra metade da laranja. Cada um saiu para um lado e o problema foi resolvido. Pergunto ao leitor(a): o pai resolveu o conflito? Foi uma solução inteligente? E, por último, foi a melhor solução possível com o recurso disponível?

A princípio parece ser uma solução inteligente e a melhor possível com o recurso disponível. Mas o pai, desconfiado, seguiu João até o quintal da casa, onde viu o filho espremendo a laranja, tomando o suco e, depois, jogando a casca fora. Na sequência, o pai encontrou Maria na cozinha da casa. A filha raspava a casca da laranja e enfeitava o bolo de aniversário da avó. Maria só usou a casca e jogou o restante fora.

No dia a dia, a maior parte das pessoas fica presa às posições, fazendo uma série de exigências e demandas em vez de buscar entender o interesse das partes. Esta é a diferença entre posição e interesse. Posição é aquilo que dizemos que queremos, são as demandas e exigências que fazemos. Nesse caso, a posição de João e Maria era: "Queremos a laranja". Assim, a posição são as exigências "Eu quero isso" ou "Este é o preço que quero por este produto". Sempre que alguém nos fala o preço de um produto ou serviço, isso é a posição. No caso de João e Maria, a posição é "quero a laranja", mas não é disso que, de fato, eles realmente precisavam para atender suas necessidades. Cada um queria uma parte diferente da laranja. João queria o suco, e Maria, a casca. O interesse é mais profundo do que apenas suco e casca. O verdadeiro interesse de João era matar a sede. Já Maria tinha o interesse de agradar a avó.

Mas por que é tão difícil entender o que o outro lado precisa? Por que há essa dificuldade de se colocar no lugar do outro a fim de entender sua dor, suas expectativas, seus desejos, seus medos e suas ambições? Segundo Shell (2001), existem três motivos para esse fenômeno:

O primeiro é porque enxergamos o mundo a partir das nossas lentes. Valores, crença, religião, cultura e experiências passadas afetam nossa percepção da realidade. Nossa visão é influenciada pelos modelos construídos, e isso dificulta o processo de se colocar no lugar do outro a fim de entendê-lo. Vemos a partir do nosso ponto de vista e, quando não ouvimos o outro, a bem da verdade é que temos acesso a apenas um lado da história. Isso gera distorções e erros no processo negocial. Achar que a outra parte sempre vai gostar da mesma coisa que você é um grande erro, talvez um dos maiores em negociações e vendas, pois as pessoas são diferentes e seus interesses também. Devemos passar credibilidade e depois fazer boas perguntas para levantar o interesse por trás da posição colocada.

O segundo motivo está ligado à natureza humana de competitividade. Somos programados desde pequenos a lutar pela nossa sobrevivência e ensinados que o ambiente é hostil. Em muitas negociações, tendemos a acreditar que o bolo é fixo, então o jogo é quem pega primeiro a maior fatia. Max H. Bazerman & Don Mooro (2004), no livro *Processo decisório,* chama isso de falácia do bolo fixo, uma falsa crença de que, se um lado ganha, eu perco. E, se eu ganhar, ele perde. Mas nem toda negociação é um jogo de soma zero. Podemos crescer o bolo para depois dividi-lo, o que seria mais interessante para ambos os lados.

Por fim, podemos identificar no próprio processo de negociação uma dinâmica que muitas vezes leva para um caminho competitivo, dificultando a abertura e o compartilhamento dos interesses dos negociadores. O professor Leigh Thompson (2010) analisou 32 pesquisas diferentes envolvendo mais de cinco mil participantes na tentativa de descobrir se as pessoas são boas na descoberta de prioridades e interesses comuns em negociações complexas. Os números são assustadores. As pessoas não identificaram os interesses em quase cinquenta por cento das vezes. Isso acontece porque os negociadores blefam, fingem fazer concessões, não têm objetividade e outros fatores que afetam o processo de mapeamento dos reais interesses das partes; mesmo porque informação é fonte de poder na negociação, então temos a tendência de não abrir muito, principalmente quando não sentimos credibilidade na outra parte. Uma coisa é certa: se as duas partes não abrem os interesses, um acordo sensato que equilibra resultado e relacionamento fica bem mais difícil.

Se os desafios são grandes para mapear os interesses, precisamos entender como fazer isso de forma eficiente. De acordo com Richard Shell (2001), precisamos descobrir em primeiro lugar quem é o tomador de decisão. Muitas vezes estamos negociando com alguém que não vai bater o martelo, ou seja, uma pessoa sem poder no processo. Uma vez diante do tomador de decisão, precisamos fazer as perguntas certas e buscar pontos em comum a fim de atingir as metas do acordo. Por fim, é fundamental buscar opções de baixo custo que solucionem o problema da outra parte, enquanto você atinge suas metas na mesa de negociação.

O SEXTO E ÚLTIMO FUNDAMENTO ESTÁ RELACIONADO AO PODER DA INFLUÊNCIA. Toda negociação é um exercício de influência, precisamos convencer alguém a fazer algo para que possamos atender nossos interesses. O poder da influência é gerado a partir do balanço entre as necessidades e receios que existem em uma negociação. Como negociador astuto, é preciso identificar o que o outro lado deseja e analisar a urgência e intensidade com que deseja. Donald Trump (2017), em seu livro *A arte da negociação*, afirmou que: "Descubra o que a outra pessoa realmente deseja (além de mais dinheiro). Em seguida, faça-os acreditar que você tem o que eles querem. Isso lhe dará vantagem na negociação."

Shell classifica em três os tipos de poder de influência:

→ **PODER DE INFLUÊNCIA POSITIVO**: quando mapeamos as necessidades e assim podemos usar moedas de troca e argumentos de forma a criarmos opções de ganhos mútuos.

→ **PODER DE INFLUÊNCIA NEGATIVO**: aquele baseado em ameaças.

→ **PODER DE INFLUÊNCIA NORMATIVO**: uma mistura dos anteriores.

Em negociações difíceis, pouco adianta mostrar ao outro que você está atendendo suas necessidades, porque quase sempre as pessoas não consideram esse tipo de argumentação e tendem a aumentar suas exigências. Por isso tenha em mente o que o outro lado perderá caso o acordo não se concretize. Se a dor for grande, então seu poder de influência é elevado e você saberá como lidar com as exigências a seu favor.

RESUMINDO

Os seis princípios auxiliam os negociadores a defenderem seus interesses e a atingirem resultados superiores na mesa de negociação.

TRANSAÇÕES	BASE PSICOLÓGICA
1. Estilo de negociação	Atitudes relacionadas a conflitos interpessoais
2. Metas e expectativas	Motivação do negociador
3. Padrões e normas dominantes	O princípio da coerência
4. Relacionamentos	A norma da reciprocidade
5. Os interesses da outra parte	Autoestima e interesse próprio
6. Poder da influência	Aversão a perdas

Fonte: adaptação com base no livro *Negociar é preciso*, de Shell (2001).

O passo seguinte é compreender que toda negociação é um processo com começo, meio e fim. O início desse processo é marcado pelo 1) planejamento; na sequência, temos 2) a troca de informações, quando as partes descobrem seus interesses. A partir desse mapeamento, é possível apresentar 3) propostas e até mesmo fazer concessões. Por último, 4) há o fechamento do acordo e compromissos. Trata-se de um caminho com quatro etapas muito bem definidas.

FASE 1 – PLANEJAMENTO

Preparar-se para o inevitável, prevenindo o indesejável e controlando o que for controlável.

| PETER DRUCKER

Muitos negociadores valorizam em excesso as conquistas na mesa de negociação e as ações táticas aplicadas, mas se esquecem de que, de fato, onde se vence uma negociação é fora da mesa por meio de uma abordagem estratégica. A qualidade do planejamento que antecede uma negociação define sucesso ou fracasso. Por isso, planejamento pode ser visto como um processo sistemático, contínuo e dinâmico, que consiste em um conjunto de ações intencionais, integradas, coordenadas e orientadas para tornar realidade um objetivo futuro. Por mais simples que a negociação seja, precisamos ter um plano de ação a fim de lidar com o cenário a ser enfrentado.

Segundo Shell (2001), existe uma matriz situacional a ser considerada para que possamos nos planejar de forma adequada. Essa matriz considera o grau de relacionamento entre as partes e a importância percebida no futuro em termos de resultado. Ao cruzar esses dois eixos, podemos definir quatro estratégias possíveis.

FIGURA 6 | Matriz situacional

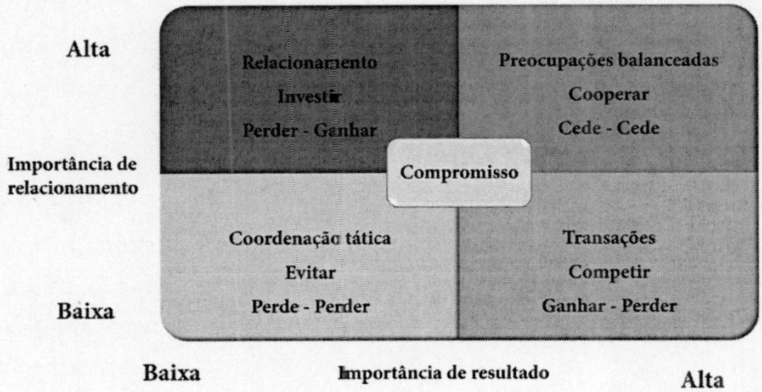

Fonte: adaptação com base no livro *Negociar é preciso*, de Shell (2001).

Vamos analisar cada um dos quadrantes:

RELACIONAMENTO

O quadrante superior esquerdo aponta para um alto grau de importância em relacionamento, no entanto baixo foco no resultado da negociação. Nesse caso, o negociador estaria disposto a ceder sua margem em prol de construir um relacionamento de longo prazo. Em certas negociações, devemos estar abertos a andar devagar para depois andar rápido. Nesse sentido, a construção de uma relação comercial com a outra parte é estratégica e poderá gerar ganhos futuros.

Um exemplo prático desse quadrante ocorre com empresas que entram em novo mercado, ou seja, uma estratégia de penetração. Como forma de ganhar participação de mercado, reduzem suas margens e trabalham com barreiras mais baixas a fim de gerar experimentação do produto ou serviço. Outro caso ocorre quando uma empresa quer ganhar um cliente de uma concorrente e reduz seu custo ou concede benefícios especiais a fim de conquistar mercado. A empresa perde em termos de resultado financeiro ou margem para ganhar em relacionamento e cria um vínculo com o potencial cliente. Na mesa de negociação, essa estratégia pode ser utilizada como uma espécie de moeda de troca em que o relacionamento tem um peso maior para o negociador disposto a ceder em resultado. Perde-se agora, mas ganha-se no futuro próximo.

COORDENAÇÃO TÁTICA

O quadrante inferior esquerdo indica um baixo grau de importância em relacionamento e em resultado. Algumas pessoas possuem dificuldade em compreendê-lo uma vez que o negociador não quer relacionamento com a outra parte, assim como não busca resultado. Um bom exemplo para esse quadrante ocorre quando temos um fornecedor que entrega abaixo da especificação técnica requerida, atrasa na entrega e se mostra um fornecedor não qualificado. Nesse caso, você não quer manter o relacionamento e, tampouco, gerar resultado. O melhor caminho é afastar o fornecedor, ou seja, evitar. Uma das formas mais eficazes de afastar alguém indesejável é cortar a comunicação. O silêncio também é uma resposta e poderá poupá-lo de um estresse desnecessário: não atender as ligações, não retornar os e-mails e simplesmente não dar retorno.

Existem outros casos em que o cliente toma muito tempo, mas gera pouquíssimo retorno. São clientes que se sentam à sua mesa e conversam por horas e nunca compram. Clientes que solicitam convites, benefícios a terceiros, mas nunca fecham a venda. Precisamos avaliar se de fato esses clientes podem, em algum momento, gerar receita para a empresa, indicação de novos clientes ou alguma outra forma de retorno. Caso a resposta seja "não" para todas essas possibilidades, é melhor adotar a estratégia de coordenação técnica ou, para alguns, a estratégia de evitar. É um cenário em que ambos perdem, mas, se não estamos preocupados em manter relacionamento e nem resultado, então o afastamento é o melhor caminho.

TRANSAÇÕES

O quadrante inferior direito mescla um baixo interesse em relacionamento; em compensação, busca maximizar o resultado. Em outras palavras, quer potencializar o resultado independente do relacionamento. Nesse quadrante, relacionar-se não é algo importante, mas sim tomar o máximo possível da outra parte. É um cenário típico de negociações competitivas em que valem as ameaças, a imposição de poder, as poucas concessões e o marcar de posição.

Compradores de supermercado servem como bom exemplo desse tipo de negociação. O autosserviço é o canal mais poderoso do varejo devido ao alto volume comprado, sendo assim, ao se sentar à mesa de negociação, os compradores podem impor sua vontade e fazer exigências. Não por acaso que pedem a primeira entrega como cortesia (enxoval), exigem promotores, repositores, descontos e patrocínios. Nesse quadrante, o foco é no resultado e o relacionamento é algo menos importante. Se o fornecedor não puder atender as exigências, será prontamente trocado por outro. Essas negociações são duras, pois são utilizadas táticas competitivas de negociação.

PREOCUPAÇÕES BALANCEADAS

O quadrante superior direito apresenta alto grau de relacionamento e alto grau de resultado. Nele, os negociadores procuram potencializar os resultados e investem no relacionamento entre as partes. O objetivo desses acordos é atingir um resultado que seja justo e equânime entre as partes a partir da criação de opções de ganhos mútuos. Os negociadores que optam por esse caminho procuram mapear os interesses das partes e estão dispostos a ceder em prol de um acordo satisfatório.

Muitos negócios têm avançado nesse sentido a partir de soluções conjuntas que buscam aumentar o bolo para depois dividir. A união do empresário Jorge Paulo Leman com Warren Buffet é um caso típico de negociação cooperativa com base sólida no relacionamento. Os dois megainvestidores possuem confiança, respeito e ótima comunicação para gerar negócios extraordinários. Ambos entenderam que, juntando as forças, poderiam criar soluções criativas e rentáveis no mundo dos negócios.

Nesse sentido, sabermos o quadrante em que negociaremos é fundamental para que possamos montar um planejamento estratégico para negociar. A metodologia proposta por Richard Shell nos leva a analisar a matriz situacional dos quatro quadrantes (relacionamento, coordenação tática, transações e preocupações balanceadas) e cruzar com os seis princípios (estilos dos negociadores, metas e expectativas, padrões e normas, interesses, relacionamento e poder da influência). Dessa forma, estaremos aptos a caminhar para a próxima etapa da troca de informações.

FASE 2 – TROCA DE INFORMAÇÕES

O modo como você reúne, administra e usa a informação determina se vencerá ou perderá.

| BILL GATES

Em toda negociação é preciso entender o outro lado para poder atendê-lo em suas necessidades. Uma pessoa só apertará sua mão selando o acordo caso atenda seus interesses e perceba que foi tratada com justiça e equidade. Por isso é fundamental compreender o outro. Negociação pode ser comparada a um quebra-cabeça cujas peças estão faltando. Sempre existem peças ausentes para que possamos montar a grande figura. As peças são as informações que colhemos no processo para, aos poucos, entendermos melhor como negociar com o outro.

Quem já montou um quebra-cabeça acima de cem peças sabe muito bem como é difícil, pois, em certo momento, empacamos e não conseguimos avançar. O ser humano, como mecanismo de fuga ou proteção, tende a culpar a caixa. Diz: "Está faltando peça neste quebra-cabeça". Passam algumas horas ou mesmo dias, a pessoa volta a montar o quebra-cabeça e encontra aquela peça que estava "faltando". De repente, tudo avança, e a pessoa é capaz de finalizar o quebra-cabeça. No que diz respeito à negociação é exatamente dessa forma: aos poucos as informações são coletadas e somos capazes de avançar na mesa de negociação. Trata-se de um processo que requer paciência, sabedoria e habilidade. Nem sempre o outro lado está disposto a abrir as informações, por isso é importante saber como conduzir esse caminho.

Para que haja reciprocidade na hora de abrir as informações, o negociador deve atingir objetivos específicos nessa etapa da negociação: 1) desenvolvimento da harmonia entre os negociadores; 2) mapear interesses, questões relevantes e percepções; 3) sinalizar expectativas e poder de influência. Vamos compreender cada um desses elementos a seguir.

DESENVOLVIMENTO DA HARMONIA ENTRE OS NEGOCIADORES

Um ambiente saudável deve ser construído para que as informações fluam durante a negociação. Ambientes hostis que geram percepção de risco fazem com que os negociadores fiquem com a guarda alta, o que dificulta a troca de informação e pode frear o acordo. Segundo o especialista Robert Cialdini (2012), autor do livro *As armas da persuasão, existem* técnicas práticas para gerar simpatia no negociador. Para o autor são três as formas mais eficazes de gerar esse sentimento de simpatia: similaridade, elogio genuíno e colaboração.

Para Cialdini, devemos começar buscando similaridade com o negociador, ou seja, pontos em comum. Assuntos complementares são muito bem-vindos nesse momento, assim como questões pessoais que possam ser compartilhadas na mesa como forma de criar um elo entre as partes. Por exemplo, a pessoa torce pelo mesmo time de futebol, pratica o mesmo esporte, tem preferências culinárias, possui filhos na mesma idade, gosta de carro ou moto. Enfim, é importante descobrir qual o ponto em comum que temos com o outro a fim de criar uma comunicação fluida e harmoniosa. Pessoas gostam de falar sobre seus gostos, preferências e práticas. Descubra esses elementos em comum como forma de abrir o canal de comunicação. No mundo contemporâneo, conseguimos levantar tais informações acessando as redes sociais, pesquisa na internet e fazendo um trabalho de inteligência de mercado. Sabendo as preferências do negociador, seremos capazes de cruzar com as nossas preferências e assim apresentar de forma inteligente na hora da negociação. Devemos evitar pontos conflitantes entre as partes nesse momento. O momento do conflito vai surgir na etapa de gerência de objeções.

Ainda segundo o autor, os elogios são uma ferramenta poderosa para criar esse ambiente favorável. É importante notar que elogios devem ser genuínos e não falsos. Todos gostamos de recebê-los e sermos reconhecidos por algo diferenciado ou valioso que temos ou fazemos. O elogio alimenta o ego e gera um sentimento positivo nas pessoas. É importante sempre ter a certeza de que o elogio é legítimo e verdadeiro para não exercer o sentido contrário, gerando uma percepção de bajulação ou de falsidade. Um elogio falso afasta a outra parte e gera sentimento de repulsa, dificultando assim a negociação e aumentando a barreira entre as partes. Elogios genuínos e aplicados dentro de um contexto as aproximam, harmonizam o ambiente e geram bons negócios. Já dizia o sábio rei Salomão, "as palavras boas são como o favo de mel, fazem bem para os ouvidos e são boas para a saúde da alma".

Por fim, o especialista identifica a colaboração como a terceira forma de criar simpatia com o outro. Quanto mais servimos, mais somos servidos pelas pessoas e, nesse sentido, a colaboração exerce um papel fundamental na obtenção de um relacionamento saudável nas negociações. Imagine uma situação em que você acaba de conhecer uma pessoa e ela lhe fala sobre um curso que está pensando em fazer. No primeiro momento possível você pesquisa universidades que oferecem o curso desejado e envia a lista via e-mail. O que pensaria a pessoa a seu respeito? Muito provavelmente é alguém muito legal e que dedicou seu tempo para colaborar com seu desenvolvimento pessoal e profissional. Ponto a seu favor. A colaboração gera no outro um sentimento de reciprocidade. Na próxima interação, ela se sentirá com uma espécie de dívida emocional. Esse sentimento é desejável, já que existe maior propensão de a pessoa "baixar a guarda" e permitir uma troca de informação aberta.

MAPEAR INTERESSES, QUESTÕES RELEVANTES E PERCEPÇÕES

Saber ouvir é estratégico no processo negocial, pois é pelas perguntas que conseguimos entender quais são seus interesses a fim de atender suas necessidades. Existe uma falsa crença de que o bom negociador é aquele que fala bem, sabe argumentar e passa uma imagem de confiança. Faz-nos lembrar daquele modelo do vendedor de enciclopédia, capaz de vender o que você não precisa. Muitos vendedores repetem esse padrão e buscam aprimorar a técnica de persuasão, convencendo o outro a comprar o produto ou serviço. Uma nova abordagem vem ganhando espaço nas empresas, onde esse modelo de vendedor é substituído pelo consultor de negócio. Trata-se de um profissional que busca compreender os interesses de seu cliente a fim de trazer uma solução valiosa e genuína que esteja de acordo com suas necessidades. Para conseguir fazer isso é necessário saber ouvir atentamente. Aprender a se colocar no lugar do outro, ver o que o cliente vê, sentir sua dor e compreender suas percepções. Trata-se de uma mudança radical na forma de ver o processo de negociação. Em vez de se sentar do outro lado da mesa, o consultor de negócio se senta do mesmo lado da mesa do cliente. Fazendo isso, cliente e consultor se unem para atacar os problemas e buscar soluções de ganhos mútuos.

Um estudo de Neil Rackham (2008) revelou que negociadores habilidosos passam 38,5 por cento do seu tempo obtendo informações, ao passo que a média dos negociadores investe apenas 17,9 por cento do tempo nesse sentido. E mais: negociadores habilidosos, após ouvir a outra parte, procuram se certificar se sua compreensão está correta, evitando assim distorções e ruídos na comunicação. Segundo o filósofo Sócrates, a pergunta tem maior força que a afirmativa. Enquanto a afirmativa fecha, a pergunta abre. Se você afirma algo e está errado, se mostra um tolo. Ao passo que, ao perguntar, a pessoa se mostra humilde e disposta a aprender e compreender. Por isso a dialética socrática ou método socrático ganhou tanto espaço, principalmente na área do direito. Dessa maneira, utilizar bem a técnica de consulta e preparar-se com boas perguntas é uma habilidade fundamental do Negociador de Alta Performance.

Na área do direito, o avanço do processo de mediação e arbitragem vem solucionando milhares de casos em que as partes simplesmente cortaram a comunicação e geraram conflitos extremados, frutos de escaladas irracionais. O mediador, de forma hábil, procura ouvir as partes, restaurar o respeito e resgatar a confiança, a fim de construir uma ponte entre os dois lados. Estima-se que 85 a noventa por cento dos casos judiciais nos Estados Unidos são resolvidos por mediação ou arbitragem, em que uma das principais características é saber ouvir e mapear os interesses, compreender as expectativas e ajustar a percepção das partes. No Brasil, o novo Código de Processo Civil (CPC), pela lei 13.140, prevê a mediação como instrumento relevante na solução dos processos judiciais.

Os resultados da mediação são interessantes, assim como a mudança no modelo mental de vendedor para consultor de negócio. Isso tudo pode nos transmitir uma ideia de que o processo seja simples. Então basta perguntar o que o outro lado precisa. Você abre seus interesses e a negociação avança ou o conflito cessa. Cada um atendendo suas reais necessidades. Não é bem assim. Existe aí uma questão fundamental que chamamos de "dilema do negociador". Sabemos que ao comunicar os interesses a negociação tende a avançar de forma mais eficiente, isso é verdade e algumas perguntas devem ser feitas. Mas quando devo comunicar meus interesses? E de que forma devo comunicá-los?

Durante um processo de negociação, os interesses das partes são fonte de poder. Os negociadores do outro lado querem descobrir o que você deseja para que possam entender suas necessidades e assim ganhar poder de influência. Por isso encontramos situações até mesmo engraçadas em que um negociador sugere que o outro comece abrindo suas informações, algo como "fique à vontade para começar, estou aqui para ouvir". Então o outro lado sugere: "Nada disso, faço questão de ouvir primeiro, pode começar. Faço questão". Esse jogo pode durar alguns segundos, em que ambos estão com guarda alta e querem evitar tomar riscos desnecessários.

Negociadores habilidosos procuram abrir os ouvidos antes de abrir a boca. Sabem investigar primeiro para revelar depois. Nesse sentido, procuram construir uma base sólida de relacionamento pautado em confiança, respeito e boa comunicação antes de revelar seus interesses. E, quando o fazem, jamais abrem o quanto estão dispostos a pagar por eles. Se possuem verba alta, não comunicam. Caso tenham urgência no serviço, não comunicam.

Conforme dito anteriormente, a negociação é um quebra-cabeça em que faltam peças e, portanto, devemos saber como barganhá-las a fim de montar o grande quebra-cabeça.

FASE 3 – PROPOSTA E CONCESSÕES

Nenhum homem é bom o bastante para governar os outros sem consentimento.
| ABRAHAM LINCOLN

Para muitos negociadores, essa é a fase mais difícil porque as cartas serão colocadas na mesa. Uma vez mapeados os interesses e compreendidas as necessidades das partes, serão apresentadas as possibilidades de acordo, ou seja, as propostas. Os negociadores muitas vezes vivem um dilema nesse momento: devemos fazer a primeira proposta ou aguardar a proposta do outro lado? Ancoramos alto o preço ou devemos ser justos? Devemos começar sendo mais amigáveis/flexíveis e depois sermos mais duros/competitivos ou fazemos o sentido inverso? E quanto às concessões, o que devemos fazer e como devemos oferecê-las?

QUESTÃO 1: QUEM FAZ A PRIMEIRA PROPOSTA?

A resposta para essa pergunta está relacionada ao seu conhecimento da ZAP. Antes de entrar em uma negociação, precisamos avaliar se conhecemos ou não a ZAP para então determinar nossa estratégia de ancoragem.

Vamos trabalhar com um exemplo para facilitar a compreensão. O agente do famoso grupo Beatles, Brian Epstein, estava negociando a participação nos lucros do primeiro filme da banda. O problema é que Brian não era um grande conhecedor do mercado de Hollywood e sua ancoragem inicial foi 7,5 por cento sobre os lucros do filme. Os produtores prontamente aceitaram a oferta de Brian uma vez que estavam dispostos a conceder até 25 por cento. O resultado foi bom para os Beatles, que ganharam dinheiro, mas a verdade é que poderiam ter aumentado e muito a conta bancária. Típico erro de uma ancoragem de preço quando não se conhece a ZAP.

Outro erro que pode ser cometido ocorre quando ancoramos o preço alto demais, ficando muito distante da ZAP: o outro lado diz que vai pensar no assunto, mas a verdade é que ele nunca mais retorna à ligação. Quando não conhecemos a ZAP e ancoramos alto demais, a outra parte pode entender que o valor está tão distante de um ponto de acordo que não vale a pena contra-ancorar ou argumentar, então ela simplesmente se afasta da negociação. Em geral, nesses casos, o negociador que recebeu a proposta elevada corta a comunicação, uma forma de demonstrar sua não concordância com a proposta apresentada. Vale lembrar que o silêncio também é uma resposta.

Por fim, existe ainda o erro em que o negociador ancora o preço alto demais, mas, ao perceber que está muito fora da ZAP, decide dar um bom desconto, em outras palavras, flexibiliza em demasia. O problema é que, ao fazê-lo, o negociador perde sua credibilidade. A outra parte prefere, em alguns casos, fechar com outro fornecedor mesmo que pague um valor superior. A confiança é peça-chave na negociação, e o sentimento que alguém estava procurando maximizar o lucro de forma injusta é algo que gera sentimento negativo e pode provocar o não fechamento do acordo.

Sendo assim, fica evidente que em casos em que não se conhece a zona de acordo possível o melhor é aguardar que a outra parte fale primeiro a proposta.

Mas será que sempre devemos esperar o outro ancorar primeiro?

A resposta é "não, nem sempre". Estudiosos como Max Bazerman & Don Moore (2004), Richard P. Larrick & George Wu (2005) e Guhan Subramanian (2010), descobriram um fenômeno chamado "efeito de âncora de adaptação". Tais estudos comprovam que o ser humano pode ser influenciado quando se depara com números apresentados e se deixa levar pela "primeira impressão". Se apresentarmos a sequência de número 8x7x6x5x4x3x2x1, as pessoas tenderão a imaginar um número elevado. Mas, se colocarmos a sequência inversa 1x2x3x4x5x6x7x8, as pessoas vão imaginar um resultado menor. É importante reforçar que a ordem dos fatores não altera o produto, sendo assim o resultado das duas equações é exatamente o mesmo. Mas por que isso acontece? Por que tendemos a ajustar nossa percepção dessa forma? Porque nossa mente trabalha com metas e expectativas que variam de acordo com as informações apresentadas.

Vamos a mais um exemplo. Posso dizer que o produto custa trezentos reais em dinheiro, mas, se pagar em cartão de crédito, tem um acréscimo de dez por cento, então fica por 330 reais. Outra forma de dizer a mesma coisa: basta informar que o preço do produto é 330, mas pagando à vista no dinheiro há um desconto de trinta reais, ficando por apenas trezentos. Qual você prefere? O que soa mais justo? A segunda maneira gera uma percepção de acordo mais justo para o comprador. Partimos de um valor mais alto para um valor mais baixo dando a ideia de desconto, o que é percebido como benefício para o comprador.

Ao ouvir números altos como ancoragem inicial, as pessoas tendem inconscientemente a ajustar suas expectativas. Então a regra é clara: se conhecemos a ZAP devemos ancorar primeiro. Sempre ancorando alto, se estamos vendendo e ancorando baixo, se estamos comprando. Quando ancoramos alto e após um processo de negociação concedemos desconto, o comprador ficará satisfeito e com a percepção de ter feito um bom negócio.

Imagine que o negociador sabe que a ZAP se situa entre cinco mil e sete mil reais, porque esse cliente já possui um histórico de compras feitas no mercado. Nesse caso, tendo em vista que o vendedor conhece a ZAP, será mais interessante ancorar em oito mil para buscar o limite superior da ZAP, que é sete. Caso o comprador faça a ancoragem inicial em quatro mil, será mais difícil do vendedor chegar ao valor de sete. A figura abaixo ilustra bem a distância que existe entre quatro mil e sete mil reais. Por isso, ao conhecer a ZAP, o negociador deve ser rápido e preciso, fazendo sua proposta antes de ouvir da outra parte. Vejamos o exemplo no gráfico:

Figura 7 | ZAP e ancoragem

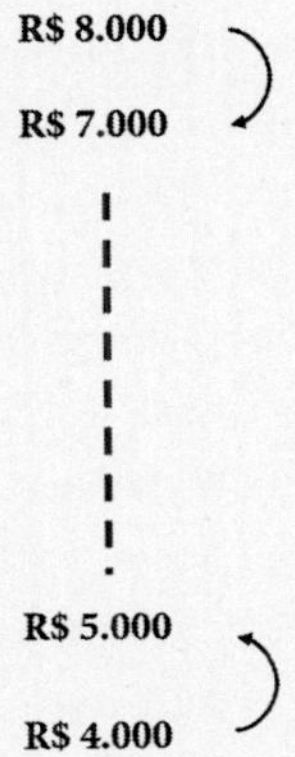

Fonte: dos autores.

QUESTÃO 2: ANCORAMOS ALTO OU DEVEMOS SER JUSTOS?

Para solucionar esse dilema, primeiro precisamos entender em qual quadrante estamos operando. Se for no quadrante relacionamento, onde estamos dispostos a reduzir nossa margem para que o outro lado ganhe, certamente uma proposta justa funcionará melhor. Em casos de negociações transacionais que possuem características altamente competitivas, a resposta seria uma ancoragem mais elevada. Algumas culturas na África e no Oriente Médio trabalham com ancoragens altas e ameaças como forma de chegar a bons acordos, faz parte do processo e essa abordagem é vista de forma natural. Em países europeus, essa abordagem pode soar agressiva e ultrajante.

Richard Shell (2001) sugere que uma proposta inicial deve ser elevada desde que venha acompanhada de argumentos baseados em critérios objetivos, os quais transmitam ao outro a percepção de justiça e equidade. A isso o autor chama de "proposta otimista". E por que em negociações transacionais as propostas iniciais otimistas tendem a surtir resultado? A explicação para isso está nas tendências psicológicas do ser humano: "princípio do contraste e a norma da reciprocidade". Vamos compreender esses dois fenômenos, começando pelo princípio do contraste.

Imagine que você queira vender um serviço por oitenta reais, mas começa oferecendo cem e apresentando critérios objetivos, ou seja, dados e fatos que justificam o preço. Após alguns minutos de negociação, chega-se ao valor de oitenta reais pela venda do serviço. Olha que interessante, o negociador conseguiu vinte por cento de desconto!

Vamos agora imaginar que você queira chegar aos mesmos oitenta, no entanto, o valor inicial é de 85 reais. Após alguns minutos, o acordo é fechado em oitenta, um desconto de seis por cento. Os estudos mostram que neste segundo acordo a pessoa estará menos propensa a acreditar que fez um bom acordo, ao passo que no primeiro cenário o processo transmite a percepção de que houve um acordo mais justo. Interessante notar que, em ambos os casos, os negociadores fecharam pelos mesmos oitenta reais.

Nossa mente processa a diferença e a compara, por isso se chama o princípio do contraste. Esse fenômeno fica evidente no pós-venda quando os vendedores procuram incluir serviços adicionais aproveitando o momento de fechamento da venda. Se o valor do bem adquirido for elevado, então aqueles pequenos serviços adicionais não representam grande gasto quando comparados percentualmente. A questão é que se o cliente comprasse fora da loja encontraria preços muito mais atraentes, mas é por isso que vendedores experientes procuram fechar os acessórios antes que o cliente saia da loja.

Vamos pegar um exemplo que todos já viveram algum dia: compra e venda de carro. Imaginemos um vendedor de carro que consiga concretizar a venda. Se for bem treinado, o que ele fará na sequência? Certamente vai convencer o cliente a fazer o emplacamento na própria loja, colocar película protetora solar e outros opcionais. Uma excelente estratégia para aumentar a margem de lucro da empresa e elevar seu comissionamento. Para o cliente é conveniente adquirir os opcionais na loja, embora, em termos absolutos de preço, muito provavelmente esteja pagando um valor superior caso fizesse tais serviços fora da loja. Vendedores experientes sabem aplicar o princípio do contraste e usar o *timing* certo para oferecer serviços adicionais.

Outra forma inteligente de convencer o outro é por meio da norma da reciprocidade. Nesse caso é importante seguir um roteiro definido a fim de atingir seu resultado na negociação. Tudo começa com uma ancoragem alta que será rejeitada pelo outro. Ao rejeitá-la, cria-se um impasse na negociação, mas também um sentimento de dívida emocional. Na sequência, você apresenta uma proposta mais justa seguida de argumentos plausíveis. Robert Cialdini (2012), em seu livro *As armas da persuasão*, menciona que a norma da reciprocidade induz as pessoas a dizerem "sim" com muito mais frequência após terem rejeitado a primeira proposta do que se tivesse feito uma proposta de abertura modesta.

QUESTÃO 3: COMO FAZER CONCESSÕES?

Richard Shell (2001), menciona em seu livro *Negociar é preciso*, uma experiência realizada nos EUA comparou três diferentes estratégias de concessão: 1) iniciar com uma oferta alta e não flexibilizar; 2) iniciar com uma oferta justa e não flexibilizar; e 3) iniciar com uma oferta alta e gradualmente atingir o ponto médio. O resultado do estudo mostra que a terceira abordagem funciona melhor porque as pessoas que utilizaram esse caminho rentabilizaram suas transações e os compradores sentiram que fizeram um bom negócio. A concessão sinaliza aos participantes que houve cooperação. Ela transmite ao outro que este aceitou suas reivindicações, e mais, teve que abandonar algo em prol de uma solução conjunta entre as partes. Negociadores ficam satisfeitos quando percebem que a outra parte teve que se sacrificar para atingir um acordo justo.

Embora esse estudo revele um caminho para trabalhar as concessões, a questão é um pouco mais complexa. Segundo Shell (2001), as concessões podem variar de acordo com o quadrante da matriz situacional. Se estivermos participando de uma negociação transacional, em que os negociadores assumem uma postura agressiva e altamente competitiva, a estratégia para fazer concessões será muito distinta de um acordo cooperativo no quadrante "preocupações balanceadas", em que as partes valorizam relacionamento e buscam acordos sensatos. Precisamos saber como lidar nos quatro quadrantes (transações, preocupações balanceadas, relacionamento e coordenação tática). Vejamos as estratégias de concessão para cada um dos quadrantes.

TRANSAÇÕES (RESULTADO ALTO E RELACIONAMENTO BAIXO)

Esse é o quadrante mais combativo dos quatro. As partes focam no resultado e querem maximizar seus ganhos, independente do que a outra parte vai levar. Por isso, primeiro devemos entender a fonte de poder na mesa. Se o outro lado tiver poder superior ao seu, fazer ancoragem excessivamente elevada poderá ser um grande risco. A pessoa pode simplesmente se levantar e deixar a negociação. Nesse caso, talvez seja preciso fazer concessões gradualmente, minimizando seu prejuízo.

Quando estamos em negociações no quadrante "transações" com poder equilibrado, vale a regra de ancorar alto e conceder aos poucos as concessões. Conceder gradualmente é importante porque, caso faça grandes concessões, transmitirá à outra parte uma série de sinais tais como: "eu realmente desejo este acordo", "as questões que cedi não eram importantes para mim" e "estou ansioso". Essas mensagens enfraquecem a posição do negociador e geram vantagem competitiva para a outra parte. No mais, não valorizamos aquilo que obtemos com facilidade.

PREOCUPAÇÕES BALANCEADAS (RESULTADO ALTO E RELACIONAMENTO ALTO)

Nesse quadrante, tanto relacionamento como resultado são igualmente importantes, sendo assim, a preocupação maior é entender as necessidades de cada parte a fim de criar opções de ganhos mútuos. As concessões serão feitas de forma recíproca e buscando atingir o ponto de equilíbrio entre as partes. Dada a importância do relacionamento nesse tipo de negociação, colocar negociadores criativos pode ser uma estratégia interessante, fazendo assim o bolo crescer antes de ser dividido. Para que esse processo funcione, é necessária uma base sólida de confiança e que a comunicação seja feita de forma clara, coerente e que transmita credibilidade.

Uma forma de crescer o bolo é fazer um brainstorming, ampliando as opções na mesa. Quanto maior o número de opções, mais fácil atingir uma solução satisfatória. O esforço conjunto de negociadores com expectativas bem estudadas pode catalisar o pensamento criativo, uma vez que estes buscam solucionar o problema, querem fortalecer os laços de relacionamento, procuram preservar os princípios de justiça e focam no atingimento de suas metas. Negociadores que trabalham nesse quadrante têm uma extraordinária capacidade de usar o conflito como meio de manter em curso o processo de negociação sem permitir que este se transforme em um cabo de guerra ou queda de braço.

RELACIONAMENTO (RESULTADO BAIXO E RELACIONAMENTO ALTO)

Esse quadrante apresenta uma característica peculiar, tendo em vista que o negociador está disposto a sacrificar o resultado em prol de construir relacionamento com a outra parte. Nesse sentido, o negociador toma a iniciativa e trabalha com concessões mais generosas a fim de conquistar a outra parte e criar relacionamento. O perigo dessa abordagem é fazer concessões excessivas, gerando desconfiança. Isso nos faz lembrar do ditado popular "quando a esmola é demais, o santo desconfia". Se o negociador erra na dose, as concessões podem gerar o efeito inverso do desejado e a pessoa se afastar.

O importante é procurar entender o que é de fato relevante para o negociador a fim de conceder pontos que atendam sua necessidade. Para isso é fundamental avaliar os elementos que são de baixo custo para você e que sejam de alto valor percebido para a outra parte, assim é possível fazer concessões sem necessariamente queimar toda a margem de manobra a fim de construir um relacionamento. Caso faça isso, o custo pode aumentar e o acordo não ser sustentável no médio/longo prazo.

COORDENAÇÃO TÁTICA (RESULTADO BAIXO E RELACIONAMENTO BAIXO)

Quando não estamos preocupados com relacionamento e nem com resultado, a questão fundamental é solucionar o problema, seja afastando o outro lado ou resolvendo o problema de forma rápida e objetiva. Quando afastamos, não fazemos concessões; mas, se queremos resolver o problema, somos obrigados a buscar flexibilidade e adaptação para evitar o conflito. Perdas são aceitáveis para uma saída honrosa. Aqui o importante é fazer o que for necessário para resolver a situação e, em seguida, cortar o relacionamento.

RESUMO DE PROPOSTAS E CONCESSÕES

	DEVO TOMAR A INICIATIVA?	COMO INICIAR?	ESTRATÉGIAS DE CONCESSÃO
TRANSAÇÕES	Se estiver bem-informado, sim. Se estiver na dúvida, não.	Ancoragem alta, se estiver vendendo; baixa, se estiver comprando, sempre apoiado por argumentos coerentes.	Firmeza: faça poucas concessões de forma gradual até chegar ao nível de expectativa.
PREOCUPAÇÕES BALANCEADAS	Se estiver bem-informado, sim. Se estiver na dúvida, não.	Ancoragem justa, sempre apoiada por argumentos coerentes.	Grandes concessões para pequenas questões, e pequenas concessões para grandes questões. Pense em todas as opções e apresente vários pacotes ao mesmo tempo.
RELACIONAMENTO	Sim	Generosamente	Adaptação ou transigência justa.
COORDENAÇÃO TÉCNICA	Sim, mas evite o conflito, se possível.	Faça o que for necessário para solucionar o problema.	Adaptação/ flexibilidade.

Fonte: adaptação com base no livro *Negociar é preciso*, de Shell (2001).

FASE 4 – FECHANDO ACORDOS E OBTENDO COMPROMISSOS

O consenso é a negociação da liderança.

| MARGARET THATCHER

Agora chegamos à reta final. Já fizemos o planejamento, troca de informações, mapeamento dos interesses, apresentação das propostas e concessões. É chegada a hora de fechar o acordo e selar compromissos que serão cumpridos por ambas as partes. Para muitos negociadores, esta é a hora mais tensa e o processo decisório precisa ser bem conduzido para evitar desgastes futuros. O aperto de mão no caso de um mau acordo pode gerar prejuízos elevados, perda de relacionamento e até mesmo processos judiciais dependendo do contrato.

Para pressionar o término de uma negociação, alguns negociadores recorrem às táticas para fechar o acordo que variam do "nem você nem eu, meio a meio", passando por ameaças como "é pegar ou largar" ou abordagens mais amigáveis do tipo "vamos fechar um acordo que seja justo para ambas as partes". Estender a mão também pode acelerar o fechamento do acordo, assim como se levantar para ir embora, sinalizando que, se a outra parte não fechar, você está pronto para se retirar da mesa de negociação.

Todas são táticas eficazes e bem conhecidas e tendem a funcionar dependendo do nível de interesse dos negociadores. Outra tática que vale ser mencionada é o "efeito da escassez", talvez uma das mais poderosas armas psicológicas a ser utilizada durante o processo de fechamento. Funciona assim: quando descobrimos que aquele produto, serviço ou condição é altamente desejada pela outra parte, sinalizar sua escassez faz acender uma luz vermelha na mente do comprador interessado, que ficará tentado a fechar imediatamente com medo de perder a oportunidade. Quando existe uma oferta excessiva de algo, a pessoa pode escolher fechar o negócio a qualquer momento. No entanto, se a janela de oportunidade pode se fechar a qualquer momento, então isso cria o poder da dúvida na mente da pessoa "talvez eu não tenha a mesma chance daqui a alguns dias ou mesmo horas".

A solução é óbvia: a pessoa fecha na hora. Essa tática funciona porque trabalha o componente da dor, do medo e da frustração. Conforme falado no capítulo 1, o ser humano busca maximizar seu nível de prazer e minimizar seu nível de dor. Quando a pessoa se depara com uma situação que pode gerar perda e frustração no futuro, então realiza seu prazer agora a fim de evitar a dor da perda. É exatamente isso que o negociador experiente buscava ao aplicar a tática da escassez: gerar um fechamento rápido.

Em negociações mais longas podemos utilizar o "excesso de comprometimento" para nos ajudar a forçar o fechamento da negociação. E como funciona? Vamos utilizar um exemplo para ilustrar melhor esse fenômeno psicológico.

Imagine que você está na Disney World na fila de um brinquedo que aponta tempo de espera de trinta minutos. Você entrou na fila há cinco minutos quando um funcionário do parque informa que houve um problema e que o tempo de espera será de sessenta minutos. Agora imagine o mesmo contexto, só que desta vez você recebeu a informação após permanecer trinta minutos na fila. A chance de abandonar o passeio na primeira situação será muito maior, porque, quanto mais investimos tempo e esforço em algo, mais estaremos dispostos a continuar investindo naquela direção. No mercado financeiro, esse fenômeno pode ser perigoso quando uma ação cai e o investidor segue apostando na ação sem qualquer princípio lógico, ele pensa: "já que cheguei até aqui com perda, vamos seguir mais um pouco".

Para aplicar o excesso de comprometimento basta introduzir ao final da negociação frases como "chegamos tão longe, não deixemos que todo esse tempo e esforço sejam desperdiçados" ou "vamos fazer valer todo o investimento que fizemos até aqui". Essa tática inclusive pode ser utilizada com outra engenhosa chamada "mordedor". Trata-se de pedir pequenos favores um pouco antes do fechamento do acordo. Em negociações longas e complexas, isso tende a funcionar muito bem, já que a outra parte não quer ferir o bom relacionamento construído, cedendo, então, às solicitações.

Em alguns casos, a negociação termina sem acordo, o que muitas vezes é o melhor resultado possível. Se a MACNA for melhor que as propostas colocadas na mesa, então o não acordo é mais interessante. O importante é sempre manter a comunicação aberta se estamos nos quadrantes de relacionamento, transação ou preocupações balanceadas, isso porque as negociações podem retornar ao início do processo. Com o passar do tempo, o contexto e as pessoas das empresas mudam, e novos acordos podem ser firmados mesmo após uma negociação sem acordo.

Nos casos em que ocorre o fechamento do negócio, uma regra deve prevalecer: o objetivo de todas as negociações é garantir o comprometimento das partes e não simplesmente realizar um acordo. Um aperto de mão não é suficiente para garantir o resultado desejado. Precisamos amarrar com dispositivos mais elaborados de comprometimento, como contratos, penalidades e documentos formais, com as responsabilidades de cada parte envolvida no acordo.

Este capítulo abordou os fundamentos de negociação utilizados para embasar a metodologia de Negociação 7.0. Agora veremos qual é o "pulo do gato" do negociador de alta performance.

3

O NEGOCIADOR DE ALTA PERFORMANCE

Se você quer que algo seja feito, precisa negociar.
| WILLIAM URY

Todo gestor precisa liderar pessoas e, consequentemente, administrar os conflitos inerentes às relações interpessoais. Quanto maior for a posição do gestor na organização, mais pessoas e conflitos terão que gerenciar. A competência negocial torna-se, nesse sentido, uma habilidade fundamental, uma competência a ser desenvolvida por aqueles que buscam uma gestão de alta performance e querem construir equipes de alto desempenho.

A comunicação é então essencial. Na verdade, comunicação é um pré-requisito para que exista negociação, já que precisamos de duas ou mais partes para negociar. O grande problema é que vários conflitos surgem por falta ou falha na comunicação. Segundo Peter Drucker (1992): "sessenta por cento dos problemas empresariais são causados por falhas na comunicação." Um bom negociador precisa ser um bom comunicador a fim de transmitir confiança. Você já passou pela situação de negociar com alguém em quem não confia? Ou já esteve na situação de ir negociar e a outra parte não confiar em você? Não é difícil?

A frase que ilustra essa situação é a de James Boswell (2008): "difícil negociar quando as partes desconfiam". Um negociador de alta performance estabelece vínculos de confiança a partir da clareza, da coerência e da credibilidade já no início da negociação, quebrando o gelo existente na apresentação pessoal e na empresarial (se for o caso). Na sequência, ele usa as perguntas formuladas na preparação que estão no relatório de negociação, procura mapear os interesses da outra parte e, somente após compreender as necessidades dela, formula propostas que são na verdade opções de benefícios mútuos. O negociador finaliza, então, fazendo um fechamento com suas moedas de troca listadas na preparação com o modelo Negociação 7.0. Se um negociador se prepara mal, ele não se comunica bem, logo, não passa confiança.

Em um ambiente mercadológico cada vez mais competitivo, é crescente a importância do conhecimento estruturado sobre negociação para gerar melhores resultados. A ideia principal sobre gestão de negociação vem de uma premissa: como implementar efetivamente as três fases do processo de negociação, preparação (antes), execução (durante) e controle (depois) para obter acordos sensatos que atendam aos interesses das partes envolvidas e buscar o bem comum, o cede-cede (o que alguns chamam de ganha-ganha).

Algumas pessoas desenvolvem suas próprias metodologias para negociar durante a vida, exigindo muitos anos para aprender a negociar bem. Isso não significa que, estudando uma boa literatura sobre o assunto, utilizando uma metodologia para preparação e frequentemente praticando negociação, não possamos aprender a negociar com eficácia e de forma mais rápida.

Se negociação é tão importante, como posso desenvolvê-la? Como é feito o desenvolvimento do negociador de alta performance? Qual é o pulo do gato?

Neste momento, querido leitor, você ficará surpreso com a resposta. O pulo do gato é, literalmente, seguir a metodologia. Isso mesmo, fazer o passo a passo de forma estruturada e ordenada até chegar à perfeição.

O gato é um animal que tem uma habilidade incrível de, mesmo no ar, ajustar seu corpo para aterrissar bem no solo. Dessa forma, ele consegue livrar-se de cair no chão de mau jeito, sempre fazendo da mesma forma, ou seja, seguindo a metodologia. Você pode jogar o gato mil vezes, e de várias formas, que ele sempre vai repetir o método porque funciona. Ele sempre vai buscar aterrissar nas quatro patas, amortecendo assim a queda. Nesse contexto, analisando vendedores de alta performance, podemos notar que utilizar a metodologia adequada é o melhor caminho, pois, uma vez compreendido o método e percebendo sua funcionalidade, basta repetir conforme faz o gato.

A palavra metodologia às vezes nos leva a pensar que é uma coisa difícil e complicada. Na verdade, a metodologia é exatamente para ajudar a executar algo difícil, normalmente dividindo um processo complexo e longo em etapas, como no caso de vendas e negociação. Para executar negociações de sucesso, precisamos de preparação, e o uso de uma metodologia na preparação é fundamental para o líder do século XXI.

Nos sistemas de *Customer Relationship Management* (CRM), por exemplo, na parte de funil de vendas — gestão de clientes —, existe a metodologia de verificação da saúde da oportunidade. Ela é fundamental para identificar se o cliente está "quente ou frio", sendo uma das metodologias mais importantes em gestão de vendas consultivas (grandes) e em previsão de vendas (*forecast*).

Nos livros de negociação, existem as metodologias de apoio à preparação das negociações e vendas com formulários para preenchimento prévio, que lembram itens-chave para a negociação antes de executá-la, além de servir de material de apoio para sua execução. Portanto, negociação tem, sim, estudos; mas não precisa ser feita empiricamente como a maioria das pessoas insiste em fazer, ou seja, as negociações complexas e difíceis podem, e devem, ser feitas com metodologia.

Concluindo, em tempos de crise, o "pulo do gato" em negociação é seguir a metodologia, preparar-se de forma estruturada, dedicar tempo ao momento antes — ou seja, na preparação da negociação — e também depois, na fase de controle, para fazer uma avaliação da negociação. Tudo isso nada mais é do que fazer o processo de negociação completo. Em suma, foque no processo que o resultado virá como consequência. Esse é o "pulo do gato".

Em um cenário de mercado acirrado como o atual, a necessidade de preparar-se para as negociações mais importantes é fundamental para os gestores de empresas de serviços e produtos. Porém, nem sempre damos o devido valor a essa etapa do processo de negociação. Queremos ter um bom resultado nas negociações, mas não dedicamos o devido tempo antes de fazê-las para que o acordo seja mais satisfatório para as partes envolvidas.

Objetivando fazer o processo de negociação completo, devemos começar com uma forma estruturada como forma de preparação para a negociação. Para isso, desenvolvemos a metodologia dos sete passos e seu aplicativo Negociação 7.0, com a função de auxiliá-lo no momento da preparação, e, posteriormente, apoiá-lo na execução da negociação a partir do Relatório de Negociação 7.0. Desse modo, os sete passos da negociação são itens-chave que você insere no aplicativo durante a preparação e usa na negociação por meio do relatório, para chegar a um acordo sensato e bom para todas as partes.

Tudo na vida é treino. Tudo que queremos fazer bem, não importa a área ou segmento, começa com uma boa preparação. Como diz Benjamin Franklin: "É importante entender que a falha na preparação é a preparação para a falha". Faça uma reflexão: o que você faz bem estando despreparado? Música, esporte, até mesmo dormir. Seja o que for, para ser bem-feito, é preciso treino e planejamento, e com negócios não é diferente. A preparação é a chave do sucesso em negociação, além de ser fundamental para fazer todo o processo de negociações complexas: preparação, execução e controle. Se você pedir a uma pessoa de sucesso em qualquer segmento que ela "cite três coisas que a levaram ao sucesso", normalmente ela terá como resposta: preparação, planejamento ou treino como um dos pilares.

Se olharmos para o mercado, podemos perceber áreas que já atuam dessa forma. Na área de compras, por exemplo, o uso das técnicas, os princípios e o correto cumprimento de todas as etapas do processo de negociação já é uma constante há algum tempo, desde que os executivos perceberam que cortar custos em compras é a melhor forma de melhorar a lucratividade da empresa. O caminho de menor esforço para melhorar o resultado das empresas é o ganho por meio das negociações em compras, pois, com a crescente competitividade nos pontos de venda, grandes aumentos são raros. Além disso, as empresas já trabalham com estruturas extremamente enxutas, o que dificulta a redução dos gastos gerais. Sendo assim, comprar, negociando bem, influencia diretamente a lucratividade dos negócios.

O perfil do profissional de compras nas empresas também mudou. Ele é mais jovem, bem-selecionado, formado e tem cotas de cortes de custos incidindo sobre seu salário variável, além disso, sem dúvidas, investimentos em treinamentos e sistemas de informação para apoiar as negociações de compras (*procurement*) também contribuem para o trabalho. Esse profissional precisa agora ter visão sistêmica, conhecer a organização, saber negociar (não apenas com fornecedores, mas também com clientes internos), tomar decisões com base nos indicadores de desempenho e estar atento ao ambiente externo de modo a adotar estratégias de negociação coerentes com a conjuntura econômica e as necessidades da empresa. Resumindo, empresas necessitam de compradores que detenham conhecimentos em assuntos estratégicos, sejam bons negociadores, tenham iniciativa, capacidade de decisão e credibilidade.

Em vendas, o atual cenário competitivo também fez com que a importância da utilização de técnicas, princípios e processos de negociação aumentassem. Com a mudança do perfil do comprador — que também está mais preparado e com uma gama de informações muito maior devido à internet e ao *Big Data/Analytics* —, o consultor de vendas precisa estar da mesma forma preparado para equilibrar o poder das partes na negociação. Caso uma das partes não faça antes da negociação e de forma adequada a etapa de preparação, a chance de não atingir seus objetivos na negociação é grande.

O negociador de alta performance, seja em compras, vendas ou em qualquer outra área, deve usar uma metodologia para apoiá-lo nas três fases do processo de negociação: preparação (antes), execução (durante) e controle (depois). Nosso método de sete passos tem esse objetivo, qual seja, auxiliar os negociadores em todo o processo de negociação de uma forma estruturada e interativa, e, assim, atingir melhores acordos, maximizando o resultado e o relacionamento.

O principal foco do negociador de alta performance é trabalhar constantemente na matriz situacional de Richard Shell no quadrante de preocupações balanceadas (capítulo 3), em que a cooperação é uma máxima e deve ser adotada por todos os lados. Dessa forma, conseguimos maximizar os aspectos substantivos (resultado) e os aspectos relacionais (relacionamento). Na verdade, devemos buscar equilibrar o resultado e o relacionamento nas negociações, de onde saímos com um bom resultado para todas as partes, que ficam dispostas a fazer outras negociações entre si.

Abordamos neste capítulo a relação de negociação com o gestor de alta performance e a importância da competência negocial nas relações interpessoais. Vimos também os pilares de um negociador de alta performance e qual o pulo do gato em negociação. No próximo capítulo, explicaremos detalhadamente cada um dos sete passos da metodologia com exemplos e referências.

4

OS SETE PASSOS DA NEGOCIAÇÃO

Se você tem uma laranja e troca com outra pessoa que também tem uma laranja, cada um fica com uma laranja. Mas, se você tem uma ideia e troca com uma pessoa que também tem uma ideia, cada um fica com duas.

| CONFÚCIO

Quando comparamos os autores das principais escolas de pensamento em negociação, podemos perceber elementos que são comuns, tais como posição, interesse, alternativas, moedas de troca e argumentos. Trabalhando as congruências, ou seja, as similaridades, chegamos aos sete passos da negociação que formam a metodologia Negociação 7.0. O objetivo dessa metodologia estruturada e interativa é demonstrar que para chegarmos a um resultado satisfatório na negociação precisamos focar no processo.

Utilizar uma metodologia estruturada como a Negociação 7.0 para fazer suas negociações é um procedimento fundamental para que o negociador faça o PDCA de um processo complexo de negociação. A ferramenta PDCA [do inglês: *PLAN (planejar) — DO (fazer) — CHECK (conferir) — ACT (agir)* ou *ADJUST (ajustar)*] é um método que contempla quatro estágios, utilizado para a melhoria contínua de processos. O PDCA também é chamado de ciclo de Deming ou ciclo de Shewhart.

Figura 8 | PDCA

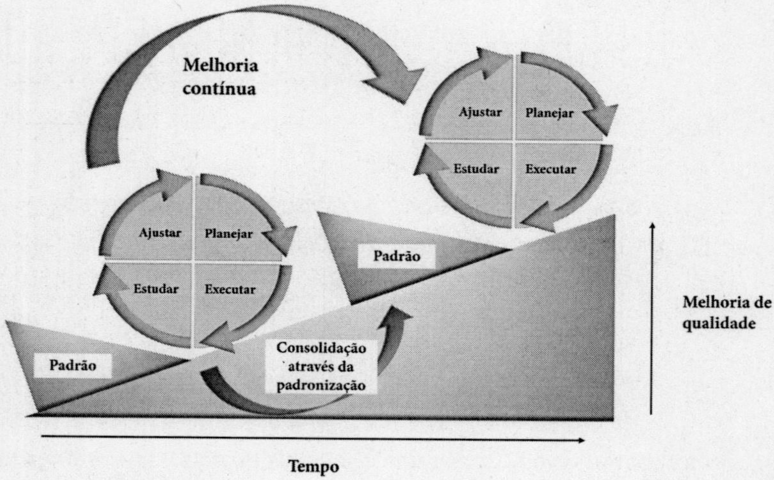

Fonte: Wikipédia. Disponível em: https://pt.wikipedia.org/wiki/Ciclo_PDCA. Acesso em: 04 janeiro 2022.

Quando utilizamos uma metodologia em processos complexos de negociação, ou seja, negociações que tenham um alto valor, seja ele financeiro ou emocional, nosso ganho de produtividade é muito maior. Além disso, separamos as grandes negociações de carro, imóvel e salário, por exemplo — que devem utilizar uma metodologia e preparação estruturadas —, das negociações menores do dia a dia que resolvemos utilizando alguns passos de negociação corriqueiros, sem a necessidade de utilizar o aplicativo.

A seguir mostramos o processo de negociação complexa com suas fases e estágios de execução:

Figura 9 | Processo de negociação

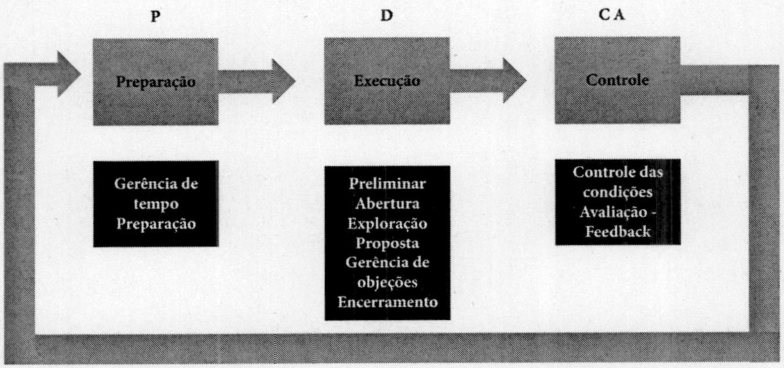

Fonte: dos autores.

Para desenvolver a metodologia dos sete passos da negociação, nosso estudo começou analisando os quatro elementos do *Como chegar ao sim: negociação de acordos sem concessões* de Roger Fisher, William Ury e Bruce Patton (2005):

- → **Pessoas**: separe as pessoas do problema, isto é, seja duro com os problemas e suave com as pessoas.
- → **Interesses**: foco nos interesses e não em posições. Posição *vs* interesses.
- → **Opções**: criar uma variedade de possibilidades antes de decidir o que fazer.
- → **Critérios**: insista em um resultado com base em algum padrão objetivo. Use argumentos e valores para gerar um critério, um parâmetro indicador e assim haverá uma lógica nas negociações.

Usamos também os seis fundamentos de negociação eficaz com base no estudo de Richard Shell (2001) no *livro Negociar é preciso: estratégias de negociação para pessoas de bom senso*:

- → Estilo de negociação;
- → Expectativas e metas;
- → Normas e padrões dominantes;
- → Relação entre as partes para as negociações;
- → Concentrar-se nos interesses da outra parte;
- → O poder de influência.

Na tabela a seguir, apresentamos quatro itens básicos de negociação que foram correlacionados com os elementos e fundamentos das diferentes escolas de pensamento, gerando, assim, os sete passos da metodologia Negociação 7.0.

	ESCOPO, OBJETIVOS E ALINHAMENTO DAS EXPECTATIVAS	DESCOBRIR E FOCAR NOS INTERESSES	ALTERNATIVAS E FONTES DE PODER	PADRÕES DE COMPARAÇÃO E PARÂMETROS
FISHER, URY E PATTON	Focar no objetivo	Posição versus interesses	Opções alternativas, moedas de troca, BATNA[2]	Critérios objetivos
RICHARD SHELL	Metas e expectativas	Mapeamento dos interesses	Poder de influência	Padrões e normas dominantes
NEGOCIAÇÃO 7.0	Objeto e objetivos	Interesses subjacentes	MACNA, moedas de troca e campo de negociação	Argumentos e valores

Fonte: dos autores.

Chegamos, assim, aos sete passos da metodologia Negociação 7.0, que são:

FIGURA 10 | 7 passos da metodologia Negociação 7.0

PASSO	NEGOCIAÇÃO 7.0
1	Objeto
2	Objetivos
3	Interesses
4	MACNA
5	Moedas de troca
6	Campo de negociação
7	Argumentos e valores

Fonte: dos autores.

[2] *Best alternative to a negotiated agreement* — Melhor Alternativa a um Acordo.

OS SETE PASSOS DA METODOLOGIA NEGOCIAÇÃO 7.0

A fim de se preparar melhor para uma negociação, é necessário entender bem o conceito de cada passo da metodologia aqui apresentada. Dessa forma, a utilização do aplicativo Negociação 7.0 ficará bem mais fácil. São eles:

PASSO 1 | Objeto

O objeto é o "escopo da negociação", ou seja, o que será negociado. O escopo deve ser alinhado antes da negociação, uma vez que não pode haver conflito de escopo e as partes devem negociar exatamente a mesma coisa. O objeto da negociação refere-se ao escopo do que está e do que não está em questão.

Muitas vezes, alinhar e documentar o que não está contemplado no objeto da negociação pode ser importante, principalmente se a sua parte no acordo depende disso para ser entregue, como, por exemplo, em um projeto de Tecnologia da Informação em que seu escopo pode ser toda a parte do software (programas) e dos serviços (pessoas), mas que só poderá ser implementada depois que a parte do hardware (máquinas) estiver pronta. Nesse caso, a implementação da infraestrutura de hardware é imprescindível para implementar o software e treinar as pessoas; assim, essa parte do projeto deve estar documentada no contrato como pré-requisito para que o objeto da negociação possa ser feito e então efetivados a instalação do software e o treinamento de pessoas.

Alinhar o escopo pode parecer muito lógico e básico, mas quando temos escopos complexos, com vários itens, tais como grandes negociações, normalmente acontecem os conflitos de objeto (escopo). Quando o escopo é mais simples, ele também deve ser alinhado no início da negociação para não acontecerem dois tipos de problema:

as partes não chegarem a um acordo ou chegarem a um fechamento que não atende a uma delas.

Para isso, a construção do escopo deve ser realizada com a contribuição de todos os envolvidos, buscando ampliar o leque de opções, aumentando as chances de um acordo sensato e facilitando os processos de decisão, aquisição, contratação e implementação. Feito dessa forma, com transparência, boa comunicação, credibilidade e ética, um escopo bem definido pode ajudar a chegar a um resultado bom para todos. O grande desafio dos envolvidos é buscar o resultado ótimo, ou o mais próximo possível desse resultado idealizado, e tudo parte do alinhamento e confirmação do objeto que será negociado.

Em negociações mais simples, o objeto pode ser o carro ou a casa, e quanto mais bem discriminado, melhor, ou seja, carro Palio Weekend ELX 0 km ou casa de veraneio em Ubatuba, na rua Praia Grande, n. 50. No caso de grandes negociações complexas, com vários itens, como um projeto de usina hidrelétrica, as principais renegociações, ou seja, aquelas feitas depois do acordo firmado, são problemas de falha na definição do escopo. O cliente fala uma coisa, e o negociador entende e entrega outra. Este é um prato cheio para o litígio e conflitos sem necessidade que normalmente são difíceis de administrar, sem mencionar que esses tipos de conflitos atrasam, atrapalham e encarecem a entrega do acordo. Definir claramente o objeto pode evitar desgastes futuros, como a perda da confiança entre as partes, fruto de uma renegociação por falta de comunicação clara no início do projeto. Alinhar o entendimento do objeto é fundamental, principalmente em negociações com múltiplos participantes. Ressalte-se que o que é óbvio para um pode não ser para o outro. Por isso, documente e alinhe o objeto antes de caminhar para o próximo passo.

Devemos sempre traçar os itens do escopo que são fundamentais e não podem ser alterados, além de listar onde é possível ter mais flexibilidade. Por exemplo, uma casa de veraneio pode ter a flexibilidade do local geográfico, mas não ter a flexibilidade de ter um canil para cachorros de estimação. Existe uma frase muito famosa que diz: "Muitas vezes o cliente não sabe o que quer" quando se inicia o processo de negociação. Às vezes o próprio negociador também não sabe o escopo, ou seja, o que será negociado. Dessa forma, nem sempre é fácil definir o escopo com clareza na preparação das negociações, por isso o objeto deve ser a primeira coisa que deve ser alinhada, definida, negociada e documentada. Devemos diminuir ao máximo a ocorrência do conflito de objeto com uma boa comunicação entre as partes e a utilização de ferramentas como o CANVAS, o *framework* para levantamento de informações que pode ser utilizado para definição de escopo de objetos complexos e diminuição do conflito de comunicação entre as partes que negociam.

PASSO 2 | Objetivo

Objetivo é aquilo que o negociador QUER, as exigências que vai fazer na mesa de negociação e sua POSIÇÃO. Trata da explicação e tangibilidade daquilo que se deseja em relação ao objeto (escopo). Podemos e devemos ter mais de um objetivo na negociação, ou seja, objetivos principais e secundários. Os objetivos primários são as exigências principais pelas quais vamos lutar a fim de defender na mesa de negociação, já os secundários são elementos que queremos atingir, mas dependendo das circunstâncias podemos flexibilizar para fechar o acordo.

Usando o exemplo do objeto "casa de veraneio em Ubatuba, rua Praia Grande nº 50", se eu for o comprador, meu objetivo principal será comprar a casa, mas posso ter um objetivo secundário de ter uma casa com canil. Já para a outra parte (o vendedor da imobiliária), o objetivo principal seria vender a casa, enquanto o secundário seria vendê-la até o final do mês. Perceba que a compra e venda são os objetivos principais, aquilo de que as partes não abrem mão; no entanto, os secundários são objetivos desejáveis, porque, caso atingidos, geram maior grau de satisfação.

É no âmbito dos objetivos que ocorrem os conflitos nas negociações. Dessa forma, o objeto tem que ser igual entre as partes e os objetivos são sempre diferentes para se ter negociação.

No aplicativo Negociação 7.0, nesse passo dos objetivos, começamos a nos perguntar acerca de nossa parte e da outra na negociação. Os nossos objetivos nós sabemos, mas quanto aos da outra parte, muitas vezes, teremos que perguntar. No aplicativo temos uma parte para listar as perguntas que devemos fazer durante a negociação.

Um dos principais fundamentos divididos por Richard Shell (2001) é a definição de expectativas e objetivos. Ao atirar nunca se acerta o alvo caso não se aponte para ele. É impossível saber quando "dizer sim" ou "dizer não" sem primeiro identificar o que você está tentando conquistar. A investigação sobre a definição de objetivos revela um fato simples, mas poderoso: quanto mais específica a visão do que você quer e quanto mais se compromete com essa visão, melhor as chances de conseguir o que se deseja.

Outra frase que explica a necessidade de traçar objetivos grandiosos é: "Sonhar grande e sonhar pequeno dá o mesmo trabalho",

Jorge Paulo Lemann, um dos fundadores da Ambev. Ancorar alto é uma tática de negociação, desde que não fique totalmente fora da ZAP. Muitas vezes uma oferta de abertura exagerada pode encerrar uma negociação que tinha tudo para chegar a um acordo. Ancorar o preço alto demais pode afastar a outra parte quando o negociador que recebeu a proposta entende que o preço está tão fora da ZAP que não vale a pena fazer uma contraproposta. Nesse caso, ele corta comunicação e se afasta do negócio. Quem nunca enviou uma proposta comercial em que a outra parte recebe, diz que vai pensar no assunto e simplesmente some do mapa?

Sendo assim, determinar seus objetivos e os da outra parte é o segundo passo dos sete passos da metodologia e deve ser muito bem avaliado. É fundamental calibrar seus objetivos, deixando-os elevados para que haja possibilidade de manobra, mas não fora da realidade, esticando a corda a ponto de ela se romper. A definição dos objetivos vai influenciar os argumentos e as moedas de troca que utilizaremos. Veremos esses dois passos da metodologia mais adiante.

PASSO 3 | Interesses

Interesse é tudo aquilo de que eu PRECISO para atingir minha necessidade. Não só é importante saber claramente qual é meu interesse, mas também descobrir qual é o interesse da outra parte. Levantar os interesses subjacentes — ou seja, escondidos — na negociação é uma questão básica para entender as necessidades pessoais do seu cliente e negociar melhor, afinal eu preciso te entender para poder te atender. Para obter uma negociação de sucesso, o negociador de alta performance deve descobrir os interesses subjacentes (escondidos) que estão por trás da posição, ou seja, questionar e entender o "porquê" das solicitações da outra parte. Esse é um dos princípios mais importantes para a resolução de problemas, segundo Willian Ury.

O interesse se traduz no "para quê" ou no "porquê" do objetivo. Normalmente não abrimos o interesse no início, pois informação é fonte de poder na negociação. Apenas com a troca de informações entre as partes e o estabelecimento dos vínculos de confiança é que os interesses começam a ser abertos. Para isso, é preciso fazer uma boa preparação e, no momento da execução da primeira negociação, começar com uma boa preliminar, que é a situação que irá quebrar o gelo, e, por consequência, gerar empatia. Depois, indica-se fazer uma boa abertura da negociação, onde fala-se um pouco do lado pessoal e da empresa e, se for o caso, entrega-se o cartão de visita. No caso de negociações empresariais, ganhamos o direito de prosseguir na negociação, iniciando a fase de consulta e as perguntas, para entender o interesse da outra parte.

Existe uma frase de Aristóteles que ilustra esse princípio: "O sábio nunca diz tudo que pensa, mas pensa sempre em tudo que diz."

O objetivo em uma negociação está ligado ao que a pessoa quer: suas demandas, suas exigências e seus valores. As posições são colocadas pela outra parte na negociação abertamente, como, por exemplo, uma posição de prazo de entrega: "Precisamos implementar este projeto até o dia 10 de dezembro". Porém, por trás dessa posição, podem estar interesses diferenciados, tais como: "melhorar os custos e aumentar a rentabilidade antes do final do ano", "parecer forte e poderoso para os outros diretores" ou "mostrar comprometimento com os acionistas."

O interesse é o que está por trás daquele objetivo, é o que a outra parte não fala. É o que leva a pessoa a colocar aquela posição, o motivo, as necessidades, os anseios, resumindo, o que a outra parte precisa para atender as necessidades que ela não mostra imediatamente na negociação. Por trás de uma posição sempre existem interesses pessoais correlacionados e subjacentes (escondidos), e é aí que devemos chegar: entender os interesses pessoais da outra parte para poder negociar melhor.

Você abre todas as informações em uma negociação? Pense bem. Difícil, né? Se você não expõe os interesses na negociação, a outra parte também não o fará, pois informação em negociação é fonte de poder. Então o que expomos de informação em uma negociação é a ponta de um iceberg, ou seja, o objetivo. Um bom negociador não negocia apenas os objetivos, ele descobre o interesse que está por trás.

A imagem que ilustra essa mudança de modelo mental é a de um iceberg, cuja ponta é o objetivo comunicado pela outra parte, o que ela mostra, e os interesses são a base, ocultos e escondidos. O bom negociador não negocia objetivos, mas descobre e negocia os interesses que estão por trás das posições: os chamados interesses subjacentes, ou seja, ocultos ou escondidos.

FIGURA 11 | Posição *vs* Interesses escondidos

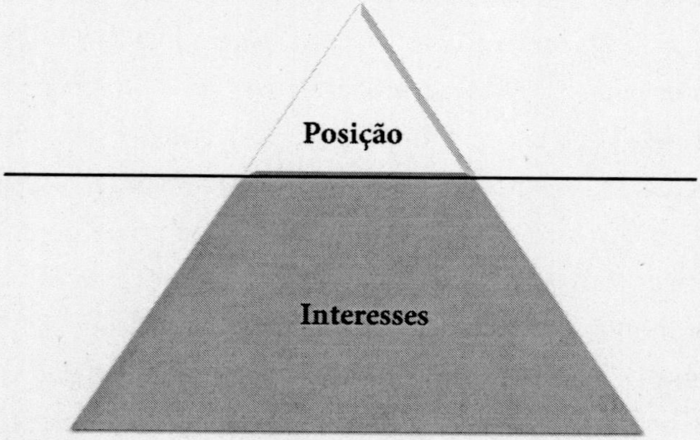

Fonte: dos autores.

Devemos entender os interesses pessoais que levam a outra parte a colocar uma determinada posição durante o processo de negociação. Primeiro é fundamental entender os interesses escondidos para usar os argumentos e moedas de troca corretos, pois é por meio do conhecimento dos interesses da outra parte que você vai preparar o que falar, ou seja, as colocações (argumentos) e as moedas de troca que vai oferecer na negociação para tentar persuadi-la; mesmo porque o argumento para persuadir uma pessoa pode ser diferente do existente para persuadir outra, de acordo com os interesses de cada uma.

Por exemplo, se você vai vender um carro para uma pessoa que tem o interesse de viajar, os argumentos serão: "esse carro consome pouca gasolina, é seguro, tem grande autonomia de combustível". Se o cliente quer o carro para trabalhar na cidade, os argumentos devem ser outros, por exemplo, "o carro é pequeno e fácil de estacionar e de dirigir na cidade". Já se o interesse da outra parte é simplesmente investir dinheiro na compra de um carro, os argumentos poderiam ser "esse carro é de uma fabricante japonesa, de fácil revenda e pouca desvalorização". Então, é de acordo com os interesses da outra parte que o negociador usa os argumentos corretos. Quantas vezes não ouvimos vendedores despreparados usando argumentos que são contrários ao que desejamos e, muitas vezes, até inviabilizam a negociação?

Uma vez fui comprar um vestido com minha esposa e, na hora do pagamento e do fechamento, o vendedor falou a seguinte frase: "Esse vestido é ótimo! Está vendendo muito bem!" Minha esposa na hora suspendeu a compra, pois queria um vestido mais exclusivo, mesmo porque era todo florido e muito fácil de ser percebido pelas pessoas. Ela ia andar na rua e achar várias pessoas com o mesmo vestido. Qual foi o erro do vendedor? Ele usou um argumento bom para ele, porém contrário ao interesse da compradora, por isso inviabilizou a negociação.

Existem alguns momentos em negociação em que não devemos falar muito, e um deles é no fechamento — principalmente quando a outra parte diz que o negócio está fechado e pega o cartão para pagar —, ou no momento da assinatura de um contrato. Trata-se do momento do "cala a boca", cuja função é cessar os argumentos contrários ao interesse da outra parte que poderiam inviabilizar o fechamento.

No momento de usar as moedas de troca listadas na preparação no aplicativo Negociação 7.0, aplica-se o mesmo conceito, ou seja, precisamos identificar os interesses escondidos da outra parte antes de oferecê-los. Isso porque podemos oferecer moedas de troca que não fecham a negociação e perdê-las, como, por exemplo, oferecer um desconto de dez por cento para fechar a venda de uma casa quando o interesse da outra parte é ter a casa entregue em sessenta em vez de oitenta dias, que era o prazo de entrega que estava na proposta. Se fosse levantado o interesse antes de oferecer a moeda de troca, não teríamos aberto mão de dez por cento do valor da venda.

O segundo ponto de importância deste passo de negociação é entender onde realmente estão os conflitos, pois muitas vezes por trás de posições conflitantes podem existir interesses complementares, ou seja, na posição tem conflito, mas nos interesses, não. Um exemplo que ilustra a necessidade de levantar os interesses das partes para entender se há conflitos na parte subjacente (escondida) dos interesses da negociação é a história de João, Maria e a laranja, contada no capítulo 2 do nosso livro. O quinto fundamento presente no livro de Richard Shell também se refere ao mapeamento dos interesses.

Outro exemplo da importância de identificar se há conflitos nos interesses escondidos, além das posições, é o caso de negociação de uma fábrica de sorvetes. Há alguns anos acontecia a negociação para a compra de uma fábrica de sorvetes por uma enorme multinacional. Os negociadores estavam em Nova York fazendo o processo de negociação e ajustes até que surgiu um impasse: o dono da fábrica de sorvetes queria um valor dez por cento a mais do que a multinacional estava disposta a pagar. Em vez de abandonar a negociação, um dos negociadores da multinacional chamou um representante da fábrica de sorvetes e perguntou: "Me explica, não estou entendendo, fizemos uma oferta irrecusável, usamos as melhores formas de precificar seu negócio. Por que esses dez por cento a mais no valor? Qual o interesse neste valor?". O representante da fábrica de sorvetes respondeu: "O dono da fábrica de sorvetes é uma pessoa bem jovem, seu objetivo na vida é ajudar o meio ambiente e ele está se perguntando o que vai fazer quando vender a fábrica. Esses dez por cento são para ele montar uma fundação de preservação do meio ambiente, pois é o que ele quer fazer depois de vender a fábrica."

Uma vez que o interesse foi identificado, a negociação mudou totalmente, pois a multinacional estava montando uma fundação mundial de preservação do meio ambiente, que teria o orçamento muito maior que esses dez por cento. Eles ofereceram o cargo de presidente da fundação para o presidente da fábrica de sorvetes como moeda de troca e fecharam a negociação.

A fim de levantar os interesses escondidos da outra parte, devemos transmitir confiança na preliminar e na abertura da negociação, quebrando o gelo e fortalecendo a empatia. Comece com assuntos complementares, de que todas as partes gostam, pois não devemos gerar conflito nesse momento, já que vai chegar o momento dos conflitos na hora da gerência de objeções. Pergunte sobre um tema de interesse da outra parte, um hobby, um prêmio que a empresa ou ele ganhou, busque um tema agradável para começar a conversação e alinhar os canais de comunicação.

Depois da preliminar, devemos fazer uma boa abertura da negociação, com uma pequena apresentação pessoal e da empresa, se for o caso. Um cartão de visitas ajuda bastante nesse momento, pois ele contém informações pessoais e profissionais, além de mostrar traços da cultura organizacional. Para isso, planeje todos os argumentos que você pretende falar, e cuidado para não parecer arrogante nessa apresentação inicial.

Os americanos têm a seguinte frase: "*earn the right!*", que quer dizer "ganhe o direito" de prosseguir na reunião de negociação, e para isso é fundamental passar confiança no início da interação. Depois dessa etapa, chegou a hora de entender as necessidades da outra parte e levantar seus interesses subjacentes. Para isso, fazer boas perguntas é fundamental. Aliás, perguntas e técnicas de consulta são imprescindíveis para uma boa negociação. Existem alguns excelentes livros sobre o assunto, como o *Alcançando excelência em vendas spin selling: construindo relacionamentos de alto valor para seus clientes*, do autor Neil Rackham (2008), que aborda vários tipos de perguntas e como usá-las nas interações interpessoais.

Resumindo, para levantar e entender os interesses da outra parte passe confiança, ganhe o direito de prosseguir e faça boas perguntas para compreender as necessidades desta. E, principalmente, tenha muito claro quais são as suas necessidades e os seus interesses na negociação. Caso defina de forma errada seus interesses, tal fato conduzirá toda a negociação de forma errada. Pense nisso. O coração da negociação está no mapeamento dos interesses das partes.

Renomados autores como Bruce Patton & William Ury (1981), Guhan Subramanian (2010), Robert Mnookin, (2000) Richard Shell (2001), Robert Bordone (2005) falam sobre MACNA em negociação, ou seja, sua Melhor Alternativa em Caso de Não Acordo, cada um com uma nomenclatura diferente: BATNA, MAANA, MAPAN etc. Podemos dizer que analisar a MACNA das partes da negociação na fase de planejamento vai direcionar sua forma de atuação de acordo com o poder que cada parte tem na negociação.

Ter uma MACNA é ter um plano B com a outra parte, caso você não chegue a um acordo com quem está negociando. Exemplo: "Se eu não fechar com esta empresa, qual é a outra possibilidade que tenho no mercado para comprar este insumo?". A MACNA é sua melhor alternativa caso o acordo não se concretize. Ter uma boa MACNA na negociação é ter uma grande fonte de poder, uma vez que não se torna necessária a outra parte para atingir seu objetivo. É importante entender que essa alternativa deve ser com uma parte que não esteja na negociação, pois, se for com a mesma, trata-se de outro objetivo na mesma negociação. Vale ressaltar que há muita confusão em torno do conceito de MACNA. Quando falamos em opções, nós nos referimos às possibilidades de acordo na mesa de negociação, ao passo que alternativas se referem às possibilidades fora da mesa. Se a MACNA é uma alternativa, então se refere a outras negociações paralelas que acontecem enquanto você busca alcançar um acordo.

Segue um exemplo que nos ajuda a compreender melhor o conceito. Imagine que você se formou em uma ótima universidade e recebeu algumas propostas de emprego:

→ A empresa X ofereceu um salário de dois mil reais.

→ A empresa Y ofereceu um salário de quatro mil reais.

Agora você vai para uma entrevista na terceira empresa chamada "Empresa A". Você não sabe qual salário vão lhe oferecer. Imaginando que sua decisão neste momento será guiada apenas pelo salário, qual é sua MACNA? Qual é sua melhor alternativa caso o acordo com a empresa A não se concretize?

A resposta para essa pergunta é fácil. A MACNA será a "Empresa Y", que ofereceu a melhor proposta no valor de quatro mil reais. Então, ao se sentar para negociar com a "Empresa A", caso lhe ofereçam três mil reais, você negará, porque já tem quatro mil. O fato de ter uma MACNA lhe forneceu poder na mesa de negociação. Agora você tem um parâmetro de comparação e pode dizer se o que lhe oferecem é bom ou ruim. Sem contar que a MACNA lhe dá segurança, já que há algo conquistado, e essa segurança se traduz em confiança na mesa de negociação.

Uma das primeiras coisas em que devemos pensar antes de encarar qualquer negociação é na nossa MACNA, pois se temos uma boa opção desse tipo, esse passo gera uma grande fonte de poder, porque diminui a necessidade de fechamento com a outra parte, ou seja, seu grau de dependência, protegendo o negociador de aceitar termos desfavoráveis e acordos inconvenientes. Tente comparar a proposta feita pela outra parte com sua MACNA e veja se ela atende melhor aos seus interesses.

É fundamental para o negociador avaliar suas alternativas em caso de não acordo e as da(s) outra(s) parte(s). Sim, devemos avaliar a MACNA da outra parte também, pois muitas vezes achamos que esta é muito forte e independente, mas, de acordo com a situação, ela depende mais do acordo na negociação que você. É o caso dos vendedores que têm vários concorrentes e que sempre acham que o comprador está mais forte na negociação devido às suas alternativas. Normalmente sim, pois o comprador tem vários fornecedores e isso fortalece sua MACNA, mas, dependendo do cenário — naquele prazo e momento, a quantidade e o preço —, o vendedor pode ser exclusivo na negociação, e isso gera uma fonte de poder. Por isso é fundamental analisar a MACNA em cada negociação para entender o grau de dependência das partes. Se você tem uma boa MACNA, não depende tanto da outra parte. Esse passo da Negociação 7.0 também se exemplifica pelo ditado popular que explica o seguinte: "Não devemos colocar todos os ovos no mesmo cesto".

Algumas pessoas mencionam que ficam nervosas quando precisam negociar. Todavia, caso você tenha uma boa MACNA, não há necessidade de nervosismo, porque, se você não fechar a negociação, será possível utilizar seu plano B e pronto.

Entenda: negociadores profissionais nunca entram em uma negociação para fechar o acordo. Apenas entram para avaliar se os termos apresentados são melhores do que a sua MACNA. Se forem melhores, então o negociador profissional avança para o fechamento. Mas, se os termos forem piores do que sua MACNA, não faz sentido fechar o acordo. Nesse caso, o não acordo pode ser o melhor resultado.

É de suma importância esse passo na negociação, que ocorre normalmente quando as pessoas blefam, ou seja, mentem, e o fazem, na maioria das vezes, para conseguir uma MACNA e se fortalecer na negociação. No entanto, principalmente em negociações cooperativas, não devemos mentir e blefar quando não temos uma MACNA, pois o risco torna-se muito grande. Imagine você negociando um aumento salarial e blefando que tem outra proposta de emprego com salário maior. Se a outra parte falar para você ir para outra empresa, você perde o emprego. A base da negociação cooperativa é o relacionamento, cujos pilares são clareza, coerência e credibilidade. Se blefarmos e a outra parte descobrir, perdemos a credibilidade, logo o relacionamento é deteriorado. Já em negociações competitivas, o blefe pode ser interessante, já que o foco é totalmente na substância que está sendo negociada. Por isso vemos tanto blefe em negociações competitivas, que a outra parte diz já ter ofertas melhores e maiores que a sua.

Na fase de preparação, ou seja, antes de entrar em qualquer negociação, devemos pensar cuidadosamente sobre o que fazer no caso de não conseguirmos um acordo com a outra parte. É sempre bom avaliar sua MACNA, assim como a da outra parte, sendo esse o quarto passo da metodologia Negociação 7.0. Tanto para as grandes e complexas negociações quanto para as pequenas do dia a dia, a análise da MACNA antes de entrar na execução da negociação é fundamental para entendermos como estão as fontes de poder entre as partes. Vejamos outros exemplos de MACNA em negociações empresariais e cotidianas.

Em negociações de contratos de prestação de serviços quando a empresa tem grande parte do seu faturamento concentrado em um só cliente, então este terá uma grande fonte de poder. Uma vez, fui negociar a renovação de contrato com uma grande empresa do ramo da Tecnologia da Informação (TI) e o comprador me perguntou, antes da negociação, quanto minha empresa tinha faturado no ano. Com a informação do meu total de faturamento no ano, ele avaliou minha dependência em relação à empresa dele, pois ele tinha as notas fiscais daquilo que faturei no ano anterior e percebeu que meu grau de dependência era de oitenta por cento, ou seja, dos cem por cento que faturei no ano, oitenta foram provenientes desta empresa de TI. Com isso, empresas de grande porte, quando contratam empresas menores, normalmente colocam em seus contratos cláusulas em que a contratada não pode ter uma dependência maior do que cinquenta por cento de seu faturamento neste contrato. Foi dessa forma que o comprador começou a me pressionar e solicitou a diminuição do valor do HH (Homem-Hora) que estava no contrato. Ele estava muito fortalecido naquela negociação, pois minha dependência naquele contrato era enorme, oitenta por cento. Depois de muita negociação, consegui manter o valor do HH, mas meu objetivo principal era conseguir um aumento deste, mas que não foi possível devido à minha MACNA ser fraca e a do cliente ser mais forte.

Portanto, analisar sua MACNA e a da outra parte é um dos mais importantes passos da metodologia, pois mostra o grau de dependência das partes e analisa uma das principais fontes de poder entre elas na negociação. Portanto, não se esqueça: antes de entrar em qualquer negociação, analise sua MACNA e a da outra parte e trate de arrumar alternativas em caso de não acordo na fase de preparação.

PASSO 5 | Moedas de troca

Existem várias moedas de troca em negociação que são os recursos tangíveis e intangíveis que usamos nas negociações, tais como: preço (desconto), forma de pagamento, prazo de entrega, garantia estendida, um serviço adicional, entre outras.

As moedas de troca são os elementos intercambiáveis nas negociações, que são usados principalmente na etapa de encerramento, a fim de praticar uma técnica de fechamento de negociação chamada "troca condicional". Por exemplo, a outra parte faz uma objeção: "Seu preço está caro!" Você então procura entender a objeção: "Está caro? Quanto de desconto você precisa para fechar o contrato?". E ela responde: "Dez por cento". Você tenta fechar o negócio propondo uma troca condicional: "Se eu conseguir os dez por cento de desconto com minha empresa, você fecha o negócio?" Perceba que os fechamentos de negociação normalmente passam por trocas, e, para este passo, usamos as moedas de troca.

A troca é uma ação muito importante na negociação, com grande influência sobre o resultado, e para trocar bem devemos ter moedas de troca. Na fase de preparação, listamos as moedas de troca de acordo com a ordem de importância, de modo a maximizar sua utilização e a produtividade da negociação. Colocar as moedas de troca em ordem de importância no planejamento ajuda a maximizar o ganho com as trocas, pois você consegue trocar moedas de alto valor, que são solicitadas pela outra parte, por moedas de baixo valor para você.

Fala-se muito em persuasão quando abordamos o tema negociação. O significado do verbo transitivo direto-indireto "persuadir" é fazer com que alguém acredite ou comece a acreditar em algo; expresse aceitação acerca de algo; convença(-se): "Persuadir", no popular, quer dizer "fazer com que alguém faça o que você quer". Na metodologia Negociação 7.0, utilizamos dois passos para persuadir: moedas de troca e argumentos. A diferença entre os dois é que usando-se a moeda você troca algo objetivando persuadir e com o argumento você fala algo a fim de exercer a persuasão.

Uma dica para vendedores é, no início das negociações, usar mais os argumentos e guardar as moedas de troca para o momento do fechamento. Se começarmos a falar das moedas de troca muito no início da negociação, temos a tendência de conceder as moedas em vez de trocá-las. Veja como é feita a venda de carro em uma concessionária, por exemplo. Quando você olha um carro de que gostou e pergunta o preço, normalmente o vendedor pede para você entrar no carro e sentir o espaço interno, o acabamento e os acessórios; assim, você já está dentro do carro, pronto para ouvir os argumentos e valores (dos quais falaremos mais adiante no passo sete da metodologia Negociação 7.0) do vendedor em relação ao veículo. Ele quer iniciar sua persuasão pelos argumentos e deixa as moedas de troca como preço e forma de pagamento para o fechamento da negociação. O mesmo acontece na venda de roupas e de outros artigos de alto valor.

Devemos ter várias moedas de troca, quanto mais, melhor. As moedas de troca são sua munição na guerra, porque, se você ficar sem bala, como vai atingir seu alvo? Na fase de preparação pense bem em suas moedas e tente vislumbrar as da outra parte também. Quanto maior é o tamanho da negociação, mais moedas de troca costumam surgir. Na negociação de um apartamento, por exemplo, várias moedas podem ser observadas, além das mais comuns como preço, forma de pagamento e prazo de entrega. Podem surgir outras moedas, como mudanças, decisão por manter os móveis do apartamento (venda de porteira fechada) ou entrega das chaves antes do último pagamento para adiantar a reforma.

As moedas de troca podem ser usadas de várias formas e também podem ser utilizadas para completar um objetivo desejado. Suponha uma negociação entre o colaborador da empresa e seu chefe em que o escopo é a remuneração do colaborador e a moeda de troca é o aumento salarial. Suponha que o colaborador queira um aumento de seis mil para 7,5 mil, pois conseguiu uma oferta de emprego fora da atual empresa cujo salário é de 7,5 mil. Em outras palavras, o colaborador tem uma MACNA que gera uma fonte de poder. Se a atual empresa só consegue chegar a sete mil de salário, o colaborador poderá solicitar outras moedas de troca. A empresa poderia pagar um curso de pós-graduação ou MBA, além do aumento do salário para sete mil reais ou outro benefício para compor a proposta inicial de 7,5 mil.

Sendo assim, a moeda de troca é a sua "munição" na negociação, e você deve listar a margem de negociação de cada moeda, ou seja, o campo de negociação, o próximo passo da metodologia Negociação 7.0.

PASSO 6 | Campo de negociação

Campo de negociação é a elasticidade, a margem, a "gordura" de cada moeda de troca. É importante entender que não se aplica apenas ao preço, é essencial estabelecer o campo para cada moeda de troca possível durante a preparação, tais como prazo de entrega, forma de pagamento etc. Listar o campo de negociação de cada moeda ajuda a ter o controle de até onde você pode ir para que não assuma acordos que não poderá cumprir, prejudicando sua credibilidade.

Algumas moedas de troca têm campo de negociação numérico, tipo preço, forma de pagamento e prazo de entrega e outras são binárias, ou seja, é sim ou não, ou você quer ou não quer. O campo de negociação é constituído por três elementos: a oferta de abertura, o alvo desejado e o ponto de afastamento.

Vejamos o seguinte exemplo. Quando você pretende vender um carro por cinquenta mil, você anuncia esse preço? Ou você coloca uma margem para queimar, ou seja, barganhar? O anúncio poderia ser de 53 mil para conseguirmos os cinquenta mil; e, se o comprador pagar à vista, podemos chegar ao preço de 49 mil, por exemplo. Ao definir esses parâmetros, montamos nosso campo de negociação para a moeda de troca “preço”, com uma oferta de abertura de 53 mil, alvo desejado de cinquenta e ponto de afastamento de 49 mil. O negociador que pensa no campo de negociação gera poder de barganha e aumenta a probabilidade de fechamento.

FIGURA 12 | Campo de negociação

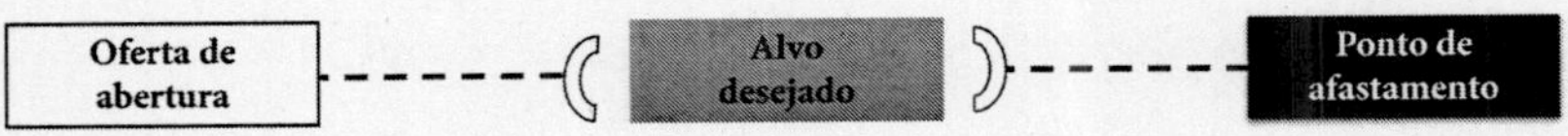

Fonte: dos autores.

A oferta inicial é o ponto de partida com o qual começamos a negociar aquela moeda de troca. Você deve pensar muito na sua oferta inicial, que não pode ser exagerada, nem para cima nem para baixo, para não inviabilizar a negociação. Em um processo seletivo de emprego, por exemplo, se o salário for de cinco mil e você pedir cinquenta mil, a negociação é inviabilizada, pois, se você cair de cinquenta mil para cinco mil está sendo ganancioso demais, ou seja, isso prejudica sua credibilidade. Ao contrário também, se o salário for de cinquenta mil e você pedir cinco mil, não é o cargo pra você.

Um dos maiores exemplos de campo de negociação e ofertas que inviabilizam é no caso das licitações. Normalmente temos um campo de trinta por cento entre o valor da moeda de troca “preço” e as propostas. Se uma empresa deseja entrar de qualquer forma e coloca o preço de custo muito abaixo dos trinta por cento, ela perde a licitação. Da mesma forma, se a empresa quer colocar uma margem a mais por risco ou outro motivo, ela também sai dos trinta por cento e perde.

O valor desejado é o ponto que satisfaz as necessidades do negociador. O ponto de afastamento é um valor que fora desse não atende seu interesse.

Alguns itens influenciam muito as margens que os negociadores colocam em suas moedas de troca, principalmente no preço. O primeiro ponto em que devemos pensar é na necessidade de fechamento, ou seja, na variável básica de negociação do "tempo", direcionada pela urgência de fechamento. Se o negociador não está muito apertado para fechar a negociação no que diz respeito ao prazo de fechamento, ele pode colocar uma margem maior, ou seja, ancorar alto para maximizar seu ganho, já que ele pode esperar para conseguir o fechamento. Se está pressionado para fechar a negociação logo, a ancoragem e as margens são menores.

Outro fator que influencia muito o campo de negociação é a cultura da empresa ou da pessoa com que estamos negociando. Aliás, cultura é um item que influencia muito a forma de negociar. Uma coisa é negociar em Bali, na Indonésia, onde temos grandes margens de negociação e uma elasticidade enorme nos campos de negociação das moedas de troca para negociar. Outra coisa é negociar na França, onde normalmente as margens são menores e não temos muito campo de negociação nas moedas de troca, principalmente no preço.

Uma vez em Paris, na França, eu estava em uma farmácia sendo atendido por um vendedor muito simpático. Quando fiz as contas de quanto seria o valor, eu me assustei, pois a conta chegava a mais de quinhentos reais. Tentei negociar com o senhor da farmácia pedindo um desconto. Ele se sentiu ofendido com minha proposta e me convidou a sair da loja. Outra vez em Bali, na Indonésia, em uma banca de venda de arte de objetos talhados em madeira, perguntei o preço de uma peça e o vendedor falou que custava vinte dólares. Saquei o valor para pagar e o vendedor já fez cara feia. Ele atendeu duas pessoas antes de mim e depois voltou perguntando: "Você não vai 'chorar' o preço?" Ou seja, você não vai pedir um desconto? Eu respondi que não. Então ele me perguntou: "Vai vender por quanto?", pois, se eu não "chorei" o preço da peça, quer dizer que ele fez um mau negócio. Notou a diferença nas negociações devido à cultura? Em Paris, o vendedor reclamou que eu pedi desconto e, em Bali, o outro reclamou que eu não pedi desconto.

No Brasil, por ser um país continental, temos influência de várias colonizações e a variação cultural é muito grande, dificultando a preparação da negociação e a forma de traçar nossos campos de negociação das moedas de troca. No Sul e Sudeste do Brasil, grande parte da colonização foi feita por alemães e italianos. Seguindo a tendência cultural dos países nórdicos da Europa que não aceitam muita "gordura" nas negociações, nessas regiões do Brasil as margens de negociação normalmente são menores, pois, para um alemão ou uma empresa alemã que segue as características culturais do país de sua matriz, um desconto muito grande pode prejudicar a credibilidade. Tal fato é explicado pelo ditado popular "Quando a esmola é demais o santo desconfia".

Quando vamos negociar nas regiões Norte e Nordeste do Brasil, a forma de negociar é diferente e a "gordura" das moedas de troca tende a ser maior. Não quer dizer que uma cultura esteja certa e a outra errada, são características culturais que influenciam a forma de negociar e, consequentemente, o planejamento dos campos de negociação das moedas de troca.

Um exemplo clássico no Brasil de negociação influenciada pela cultura e pela margem do campo de negociação acontece no Nordeste quando se trata dos vendedores de rede de dormir. Você já negociou esse artigo em uma praia? Como é a abordagem do vendedor? Qual sua oferta de abertura? Ele começa com duzentos reais, você oferece quarenta e ele fala que, se você chegar a cinquenta, ele vende. Ou seja, ele ancorou muito alto e colocou uma margem enorme na moeda de troca "preço". Os vendedores de rede na praia normalmente negociam com pessoas do Sul e Sudeste, que não estão acostumadas a pedir esse tipo de desconto, então muitas vezes a ancoragem alta gera ótima margem de lucro para o vendedor, e ele sabe disso. Se for preciso reduzir muito o preço para fechar o negócio, sem problema, já que se trata de negociação transacional com foco na substância e não no relacionamento. Perder a credibilidade na negociação com uma ancoragem de preço alta seguido de um desconto elevado é algo que não está na lista de preocupações do vendedor de rede. Ele apenas quer vender o artigo pelo melhor preço possível e, se não conseguir, está disposto a sacrificar sua margem a fim de não perder negócio.

> Um bom negociador se adapta às características culturais da outra parte, entende seus campos de negociação, não fica chateado com grandes campos colocados pela outra parte e negocia com maestria para fechar ótimos acordos.

Argumentos e valores são os critérios objetivos e fundamentais para o desenvolvimento de um raciocínio lógico e para a formulação de uma proposta aceitável. Os critérios objetivos dão força à argumentação, tais como: valor de mercado, precedente, custo, performance e questões legais. Servem também como balizadores, parâmetros, que imprimem à negociação certa lógica de justiça e equidade. Vale ressaltar que uma negociação sem argumentos fica sem sentido, pois não temos uma lógica sobre os valores e as trocas que são feitas. Precisamos sempre legitimar o acordo apresentando argumentos baseados em critérios objetivos que façam sentido à outra parte.

Por exemplo, o comprador questiona: "Esses dois apartamentos são no mesmo prédio e no mesmo andar? Por que um é cinquenta mil mais caro que o outro?" O vendedor responde: "O mais caro tem vista para o mar". Ou, neste outro exemplo, um comprador de carro pergunta ao vendedor: "Quanto custa esse carro?", e o vendedor responde: "Vinte mil". Se o comprador perguntar "Por quê?", uma boa resposta seria: "Este carro está dez por cento abaixo da tabela FIPE". Desta forma embasamos o preço com argumentos válidos que as duas entendem como justos.

Na metodologia apresentada aqui, utilizamos dois passos para persuadir: argumentos e moedas de troca, conforme explanado anteriormente. Na verdade, persuadir quer dizer "fazer com que alguém faça o que você quer", e os argumentos ajudam muito nessa tarefa, pois são coisas que falamos e levam a outra parte a "movimentar-se" na negociação. Quando bem utilizados, os argumentos nos ajudam a atingir nossos objetivos.

Os argumentos têm muito valor nas negociações, tanto argumentos substantivos e racionais — tais como "este carro consome menos combustível" ou "o preço do apartamento é mais barato na planta" — como os argumentos relacionais e emocionais, como, por exemplo, "bem, como o seu relacionamento com a nossa empresa tem vinte anos..." ou "este carro era do meu pai...". Qualquer argumento deve ter o seu peso, deve ser comparado, medido e principalmente receber aceitação e apreciação de todas as partes. Na verdade, o argumento deve ser importante para a outra parte e não para você. Cuidado para não usar argumentos que não fazem sentido para a outra parte, ou mesmo que fiquem contra você, como, por exemplo, uma pessoa vai vender um carro e fala: "O preço deste carro na tabela FIPE é de dez mil reais, mas, como era do meu pai e tem um valor sentimental, quero 15 mil nele". Ora, quem deveria falar que o preço na tabela FIPE é dez mil reais era o comprador, pois esse é um argumento que ajuda a baixar o preço. Outra coisa, esse argumento de que "era do meu pai e tem um valor sentimental" não deve ser muito importante para o comprador, então deveríamos pensar em outro argumento mais aderente ao interesse do comprador, por exemplo, "está em excelente estado de conservação" ou "possui baixa quilometragem".

Na preparação de negociações comerciais, principalmente para a primeira reunião de negociação, é fundamental listar os argumentos pessoais, como, por exemplo, "dez anos de experiência neste mercado", e os empresariais, como "cem anos de Brasil". Argumentos que podem ser falados no início, na fase de abertura da negociação, para fazer sua apresentação e a da empresa formal, com o objetivo de passar credibilidade para a outra parte e ganhar o direito de prosseguir na negociação. Esse é o melhor momento para transmitir confiança para a outra parte e buscar uma negociação cooperativa. Devemos listar também argumentos dos nossos produtos e/ou serviços, que podem ser usados em vários momentos durante a negociação, na fase de persuasão e convencimento, na hora da gerência de objeções e no fechamento junto às moedas de troca.

Essa é a metodologia Negociação 7.0, os sete passos da negociação: objeto, objetivo, interesses, MACNA, moeda de troca, campo de negociação, e, por fim, argumentos. Com isso, acabamos de entender os sete passos da metodologia, com vários exemplos aplicáveis em negociações do dia a dia. O aplicativo Negociação 7.0 encontra-se disponível na Apple Store e no Google Play. Esse aplicativo vai lhe guiar, por meio dos conceitos aprendidos neste livro. Use a metodologia e o aplicativo para fazer uma negociação eficaz de alta performance.

5

CONCLUSÃO

Recentemente o Fórum Econômico Mundial elegeu a resolução de problemas complexos como a competência crítica mais importante no mercado de trabalho e no mundo corporativo, por essa razão é importante desenvolver habilidade na "arte da negociação". Arte vem do latim *ars*, que significa técnica ou habilidade, e pode ser entendida como a atividade humana ligada às manifestações de ordem estética e comunicativa. Porém, as pessoas geralmente pensam em arte com uma visão ligada à intuição, à emoção e ao sentimento. O próprio conceito de arte se transformou ao longo da história da humanidade, embora no senso comum ela esteja ligada à criatividade e à intuição.

Existe sim uma certa complexidade quando falamos "arte da negociação", já que negociação transita entre a emoção e a racionalidade. A negociação lida com pessoas e seus sentimentos, suas expectativas, seus medos e suas frustrações, mas ao mesmo tempo com dados, processo decisório e fatos que exigem racionalidade e objetividade. A boa notícia é que podemos aprender as técnicas e desenvolver habilidade para deixar menos valor na mesa durante uma negociação. E é exatamente isto que a metodologia 7.0 consegue trazer para você, nosso querido leitor: fazer com que o processo seja menos empírico e intuitivo para se transformar em algo fundamentado na teoria e com um passo a passo estruturado que permita alcançar resultados superiores. Sem dúvida, o conhecimento de negociação pode aumentar, e muito, as chances de o negociador atingir um acordo melhor. Mas, para isso, é necessário sair do conhecimento empírico e buscar aplicar de forma estruturada o processo.

Nesse contexto, a compreensão desse processo da negociação nos auxilia porque é algo que podemos repetir diversas vezes e do qual já sabemos o resultado, porque foi testado e aprovado pelas principais escolas de negociação do mundo. A metodologia está embasada teoricamente e comprovada no mundo corporativo, portanto cabe a você aplicá-la com disciplina. Este sim é um desafio para a maior parte das pessoas: disciplina para o planejamento das negociações. Mas, uma vez que você comece a perceber os benefícios, então o processo passará a ser algo fluido e natural. O seu foco passa a ser no processo e não no resultado, entendendo que o resultado positivo é consequência do processo bem estruturado.

Neste livro aprendemos que existem três etapas fundamentais no processo da negociação. O planejamento (antes), execução (durante) e controle (depois). O aplicativo Negociação 7.0 vai ser seu maior aliado nesse caminho, pois irá lhe conduzir por um passo a passo bem desenhado para que você tenha na palma da mão um planejamento eficaz para suas negociações, para que possa utilizar a ferramenta durante as negociações e, por fim, controlar suas negociações tendo em vista que possui um histórico dos acordos e dos termos assumidos.

As vantagens de usar a metodologia proposta aqui são muitas, assim como sua aplicabilidade. Com o aplicativo, você pode:

- → Melhorar seu processo de planejamento;
- → Ter na palma da mão um passo a passo bem elaborado para lhe guiar;
- → Listar as perguntas que servem como checklist, lembrando os principais aspectos da negociação a serem considerados (sete elementos da negociação);
- → Ter a possibilidade de dividir seu planejamento com membros da sua empresa;
- → Criar pastas com as negociações por cliente;
- → Exigir que sua equipe lhe envie o planejamento antes da negociação para sua análise, podendo assim aprimorar argumentos, redefinir interesses, avaliar ancoragem de preço e incluir novas moedas de troca;
- → Guardar o histórico das negociações para consulta futura;
- → Comparar o planejamento realizado antes da negociação e o resultado atingido após a negociação: análise do planejado x realizado;
- → Conseguir múltiplas análises gerenciais, como evolução do preço médio, condições conquistadas e concessões feitas a partir da série histórica das negociações.

Portanto, pegue seu celular e não perca mais tempo. Baixe o aplicativo NEGOCIAÇÃO 7.0 no Google Play ou na Apple Store e comece agora mesmo. Tenha o planejamento na palma da mão, faça a análise das negociações, crie um histórico gerencial, e, consequentemente, feche ótimos acordos. E, por último, ressalte-se que ele é rápido, ágil e prático para suas negociações.

Boas negociações e ótimos negócios!

| ALFREDO BRAVO E GLAUCO CAVALCANTI

https://negotiation7.com/

BIBLIOGRAFIA

BAZERMAN, Max; NEALE, Margaret A. **Negociando racionalmente**. 2. ed. São Paulo, Atlas, 1998.

BAZERMAN, Max; MOORE, Don. **Processo decisório**. 5. ed. São Paulo: Campus, 2004.

BENTHAM, Jeremy; BOWRING, John. (ed.). A fragment on government (1776). **The works of Jeremy Bentham**. New York: Russell & Russell, 1962.

BENTHAM, Jeremy. Preface (1789). **An introduction to the principles of morals and legislation**. UK: Methuen University Paperback, 1982.

BENTHAM, Jeremy. **Uma introdução aos princípios da moral e da legislação**. São Paulo: Abril Cultural, 1984. (Coleção Os Pensadores).

BOSWELL, James. **The Life of Samuel Johnson.** Londres: Penguin Books, 2008.

BRASIL, **Lei nº 13.105, de 16 de março de 2015**. Capítulo III – Dos auxiliares da justiça, Art. 174. Disponível em: https://presrepublica.jusbrasil.com.br/legislacao/174276278/lei-13105-15#art-174. Acesso em: 13 dezembro 2021.

BRASIL, **Lei nº 13.140, de 26 de junho de 2015**. Dispõe sobre a mediação entre particulares como meio de solução de controvérsias e sobre a autocomposição de conflitos no âmbito da administração pública. Disponível em: http://www.planalto.gov.br/ccivil_03/_ato2015-2018/2015/lei/l13140.htm. Acesso em: 13 dezembro 2021.

CARROLL, Lewis. **Alice no País das Maravilhas/Através do Espelho. Ilustração John Tenniel. Introdução e notas Martin Gardner. Tradução** Maria Luiza X. de A. Borges. Rio de Janeiro: Zahar, 2002 (1ª publicação em 1865). Edição comentada.

CARVALHAL, Eugenio do. **Estilos, comportamentos e práticas de influência dos negociadores do Rio de Janeiro.** Dissertação (Mestrado em Gestão empresarial) — Escola Brasileira de Administração Pública, Fundação Getúlio Vargas, Rio de Janeiro, 2001.

CARVALHAL, Eugenio do. **Negociação – fortalecendo o processo**: como construir relações de longo prazo. Rio de Janeiro: Vision, 2004.

CARVALHAL, Eugenio do; SOBRAL, Filipe. The influence of culture on negotiation styles of Brazilian executives. *In*: **Management research: the journal of the Iberoamerican Academy of Management**. Armonk, New York: M.E. Sharpe, 2008. v. 6, n. 2, p. 107-119.

CIALDINI, Robert. **As armas da persuasão**. Rio de Janeiro: Editora Sextante, 2012.

COHEN, Herb. **Você pode negociar qualquer coisa**. Rio de Janeiro: Editora Record, 1982.

CORREA, Cristiane. **Sonho Grande**. Rio de Janeiro: Editora Sextante, 2013.

DAVIS, Rodney O.; WILSON, Douglas L. (ed.). **The Lincoln-Douglas debates**: The Lincoln Studies Center Edition. Urbana: University of Illinois Press, 2008.

DRUCKER, Peter Ferdinand. **Administrando para o futuro**: os Anos 90 e a virada do século. 2. ed. São Paulo: Pioneira, 1992.

DUZERT, Yann. (org.). **Manual de negociações complexas.** Rio de Janeiro: Editora FGV, 2007.

FISHER, Roger; URY, William; PATTON, Bruce. **Como chegar ao sim: negociação de acordos sem concessões.** Tradução: Vera Ribeiro & Ana Luiza Borges. 2ª ed. revisada e ampliada. Rio de Janeiro, Editora Imago, 2005.

FISHER, Roger; BROWN, Scott. **Como chegar a um acordo: a construção de um relacionamento que leva ao sim**. Rio de Janeiro: Imago Editora, 1990.

FISHER, Roger; ERTEL, Danny. **Estratégias de negociação: um guia passo a passo para chegar ao sucesso em qualquer situação.** Rio de Janeiro: Ediouro, 1997.

FISHER, Roger; SHAPIRO, Daniel. **Beyond reason: using emotions as you negotiate**. New York: Penguin Books, 2006.

FREUD, Sigmund (1895). **Projeto para uma psicologia científica**. Rio de Janeiro: Imago Editora, 1950 [1895]. v. 1. (Edição standard brasileira das obras psicológicas completas de Sigmund Freud).

FREUD, Sigmund (1886). **Relatório sobre meus estudos em Paris e Berlim**. Rio de Janeiro: Imago Editora, 1956. v. 1. (Edição standard brasileira das obras psicológicas completas de Sigmund Freud).

GRAHAM, John L; LAM, N. Mark. **The Chinese Negotiation**. Harvard Business Review, 2003. Disponível em: https://hbr.org/2003/10/the-chinese-negotiation. Acesso em: 06 janeiro 2022.

HERRMANN, Ned. **The creative brain**. Lake Lure: Brain Books, 1990.

HERRMANN, Ned. **The whole brain business book**. New York: McGraw-Hill, 1996.

LARRICK, Richard P.; WU, George. **Claiming a Large Slice of a Small Pie: asymmetric disconfirmation in negotiation**. Duke University, 2005. Disponível em: https://papers.ssrn.com/sol3/papers.cfm?abstract_id=888767. Acesso em: 04 janeiro 2022.

LAX, David A.; SEBENIUS, James K. **The Manager as negotiator: bargaining for cooperation and competitive gain**. Nova York: Free Press, 1986.

LAX, David A.; SEBENIUS, James K. **3D Negotiation: powerful tools to change the game in your most important deals.** Boston, MA: Harvard Business School Press, 2006.

LINCOLN, Abraham. **Discursos e Escritos Selecionados**. 1st Vintage Books, Library of America ed. Nova York: Vintage Books, 1992. [Obras Reunidas de Abraham Lincoln], publicação organizada por Roy Basler (1953), e seu suplemento (1974), e comentados por Don E. Fehrenbacher.] Sandburg, Carl. Lincoln.

MNOOKIN, Robert H.; SUSSKIND, Lawrence E.; FOSTER, Pacey C. **Negotiating on behalf of others: advice to lawyers, business executives, sports agents, diplomats, politicians, and everybody else.** Thousand Oaks, Calif: Sage, 1999.

MNOOKIN, Robert H.; PEPPET, Scott R.; TULUMELLO, Andrew S. **Beyond winning: negotiating to create value in deals and disputes**. Cambridge, MA; London, England: The Belknap Press of Harvard University Press, 2000.

MOFFITT, Michael L.; BORDONE, Robert C. (org.). **The handbook of dispute reSolutions**. San Francisco: Jossey-Bass, 2005.

PARETO, Vilfredo. **Manuel d'économie politique**. Genève: Librairie Droz, 1981.
POLLAN, S. M.; LEVINE, M. **The total negotiator**. New York: Avon Books, 1994.

RACKHAM, Neil. **Alcançando excelência em vendas spin selling: construindo relacionamentos de alto valor para seus clientes.** São Paulo: Editora M.Books, 2008.

RAIFFA, Howard. **The art and the science of negotiation: how to resolve conflicts and get the best out of bargaining.** Cambridge, MA: Belknap Press of Harvard University Press,1982.

RAIFFA, Howard; METCALFE, David; RICHARDSON, John. **Negotiation Analysis: The science and art of collaborative decision making.** Cambridge, MA: Belknap Press of Harvard University Press, 2003.

ROUSSEAU, Jean-Jacques. **Do contrato social**. 2. ed. Tradução: Lourdes Santos Machado. Introduções e notas: Paul Arbousse-Bastide e Lourival Gomes Machado. São Paulo: Abril S.A. Cultural, 1978. Coleção Os Pensadores.

ROUSSEAU, Jean-Jacques. **Do contrato social**. Tradução: Paulo Neves. Porto Alegre: L&PM, 2010.

SCHWARTZ, Tony; TRUMP, Donald. **A arte da negociação**. Brasil: CDG Edições e Publicações, 2016.

SHELL, G. Richard. **Negociar é preciso**. São Paulo: Negócio, 2001.

STONE, D.; PATTON Bruce; HEEN, Sheila. **Conversas difíceis.** Rio de Janeiro: Campus, 1999. Título original: *Difficult conversations.*

STUART MILL, John; SHIELDS, C.V. (ed.). **Considerations on representative government**. Indianapolis: Bobbs-Merrill, 1958.

STUART MILL, John; GOROVITZ, Samuel (ed.). **Utilitarism**. Indianapolis: Bobbs-Merrill, 1971.

SUBRAMANIAN, Guhan. **Negotiauctions: new dealmaking strategies for a competitive marketplace**. Nova Iorque: W. W. Norton & Company, 2010.

SUSSKIND, Lawrence; CRUIKSHANK, Jeffrey. **Breaking the impasse: consensual approaches to resolving public disputes**. New York: Basic Books, 1987.

SUSSKIND, Lawrence; MCKEARNAN, Sarah; THOMAS-LARMER, Jennifer. **The consensus building handbook: a comprehensive guide to reaching agreement.** Thousand Oaks, Calif: Sage, 1999.

SUSSKIND, Lawrence; FIELD, Patrick. **Dealing With Angry Public: the mutual gains approach to resolving disputes.** New York: The Free Press, 2006.

THOMPSON, Leigh. **A verdade sobre a negociação**. 4. ed. Lisboa: Actual Editora, 2010.

TRUMP; Donald. **A arte da negociação.** 1. ed. Porto Alegre: Citadel Editora, 2017.

TZU, Sun. **A arte da guerra**. 8. ed. Tradução: Thomas Cleary. São Paulo: Editora Pensamento, 2004.

URY, William. **Superando o não**. Rio de Janeiro: Campus, 1998. Título original: *Getting past no*.

URY, William. **Chegando à paz**. Rio de Janeiro: Campus, 2000. Título original: *Getting to peace*, publicado em 1999 e republicado em 2000 sob o título *The third side*.

WATKINS, Michael (org.). **Negociação**. São Paulo: Editora Record, 2004.